Elogios a Os Ciclos da Alma

"O Processo de Conexão de Sharon Koenig é um convite à transformação da nossa vida. Este livro é essencial para todo ser humano que deseja de verdade elevar sua vida a um nível espiritual e aprender a operar a partir desse nível para permitir que o plano mestre de cada um se realize segundo a ordem divina.

Esta obra é uma joia e um presente de vida que nos oferece um guia prático para desenvolver nosso potencial máximo. Sharon Koenig nos conduz numa jornada interior para que possamos descobrir a influência e o impacto que nossas crenças e atitudes têm sobre as decisões que tomamos, as ações que realizamos e os resultados que obtemos.

Suas palavras despertam a nossa consciência, nos educam e orientam de maneira clara, fácil de entender e simples de imitar, para criar uma vida de acordo com o Plano Divino. E, com o Divino, tudo é possível!"

– Chris Lee, orientador transformacional e autor de *Transform Your Life: 10 Principles of Abundance and Prosperity*

"Graças a este livro muito inspirador, aprendi a entrar em sintonia com as forças do Universo para cumprir meu verdadeiro propósito de vida: ser a voz das crianças que não podem falar por si mesmas."

— Jean-Robert Cadet, autor de *Restavec*

"Este livro tem tudo o que é necessário para acessar a presença divina."

— Muñeca Geigel, autora de *The Art of Being Happy*

"Sharon tem o dom de levar as pessoas a se conectar com sua própria divindade."

— Judy Brooks, produtora do programa de tevê Healing Quest, da PBS

OS CICLOS DA ALMA

SHARON M. KOENIG

OS CICLOS DA ALMA

As Sete Etapas para Viver
seu Verdadeiro Propósito

Tradução
Euclides Luiz Calloni

Editora
Pensamento
SÃO PAULO

Título do original: *Seasons of the Soul.*
Copyright © 2023 Sharon M. Koenig.
Publicação em língua portuguesa, somente Brasil mediante acordo com Montse Cortazar Literary Agency (www.montsecortazar.com).

Publicado originalmente em espanhol com o título *Los Ciclos del Alma: El Proceso de Conexión, Un Camino para Tu Verdadero Propósito.* Ediciones Obelisco, Barcelona, 2011.

Copyright da edição brasileira © 2024 Editora Pensamento-Cultrix Ltda.

1ª edição 2024.

Todos os direitos reservados. Nenhuma parte deste livro pode ser reproduzida ou usada de qualquer forma ou por qualquer meio, eletrônico ou mecânico, inclusive fotocópias, gravações ou sistema de armazenamento em banco de dados, sem permissão por escrito, exceto nos casos de trechos curtos citados em resenhas críticas ou artigos de revista.

A Editora Pensamento não se responsabiliza por eventuais mudanças ocorridas nos endereços convencionais ou eletrônicos citados neste livro.

Embora as mensagens deste livro possam aliviar a alma, recomenda-se não aplicar seu conteúdo em diagnósticos e em substituição de tratamentos e de orientações médicas ou profissionais. Antes de iniciar uma rotina de exercícios espirituais ou físicos, sempre consulte seu médico ou terapeuta. Nunca interrompa o uso de medicamentos ou tratamentos sem supervisão médica adequada. Em caso de depressão, sua ou de alguém próximo, e sobretudo quando perceber sinais de tendências suicidas ou de incapacidade de controlar emoções, recorra de imediato a um familiar e procure ajuda profissional. Esses comportamentos refletem situação de emergência e requerem assistência imediata.

Editor: Adilson Silva Ramachandra
Gerente editorial: Roseli de S. Ferraz
Gerente de produção editorial: Indiara Faria Kayo
Preparação de originais: Marta Almeida de Sá
Editoração eletrônica: Ponto Inicial Design Gráfico
Revisão: Claudete Agua de Melo

Dados Internacionais de Catalogação na Publicação (CIP)
(Câmara Brasileira do Livro, SP, Brasil)

Koenig, Sharon M.

Os ciclos da alma : as sete etapas para viver seu verdadeiro propósito / Sharon M. Koenig ; tradução Euclides Luiz Calloni. -- 1. ed. -- São Paulo : Editora Pensamento, 2024.

Título original: Seasons of the soul
ISBN 978-85-315-2334-2

1. Autorrealização 2. Bem-estar 3. Desenvolvimento pessoal (Nova era) 4. Felicidade I. Título.

23-175373 CDD-131

Índices para catálogo sistemático:
1. Bem-estar : Espiritualidade 131
Cibele Maria Dias - Bibliotecária - CRB-8/9427

Direitos de tradução para o Brasil adquiridos com exclusividade pela
EDITORA PENSAMENTO-CULTRIX LTDA., que se reserva a
propriedade literária desta tradução.
Rua Dr. Mário Vicente, 368 – 04270-000 – São Paulo – SP – Fone: (11) 2066-9000
http://www.editorapensamento.com.br
E-mail: atendimento@editorapensamento.com.br
Foi feito o depósito legal.

Ao meu Deus, minha constante inspiração, e à minha filha Gabrielle, cuja presença é para mim uma bênção diária. Para minha avó Amparo, que plantou as sementes da espiritualidade em meu coração, e para Dada, homem santo da Índia que me mostrou a face de Deus.

Eu gostaria de agradecer de modo especial ao editor Ricardo Riedel e à equipe do Grupo Editorial Pensamento, Brasil, a publicação de Os Ciclos da Alma em português.

Sumário

Prefácio à edição brasileira 11
Prefácio 15
Introdução 25
Parte I – A essência humana 31
Capítulo 1. Quem sou eu? 33
Capítulo 2. Presença Interior, a essência
    do presente 71
Parte II – Para onde vou? 79
As sete áreas da vida 81
Capítulo 3. Seu corpo e sua saúde 85
Capítulo 4. Sua abundância 101
Capítulo 5. Sua espiritualidade 115
Capítulo 6. Seu serviço 129
Capítulo 7. Seus relacionamentos amorosos 133
Capítulo 8. Sua família 155
Capítulo 9. Seu verdadeiro propósito 169

Parte III – A ordem das coisas ... 183
    Capítulo 10. Ciclos da alma ... 187
    Capítulo 11. Regras do jogo da vida ... 205
Parte IV – O processo de conexão ... 213
    Capítulo 12. Sete etapas para viver seu verdadeiro propósito ... 215
Doze ferramentas para a vida ... 241
Resumo do processo de conexão ... 271
Epílogo: Um novo ciclo ... 277
Agradecimentos ... 279

Prefácio à edição brasileira

Sou muito grata por compartilhar Os Ciclos da Alma com o simpático povo brasileiro. Vocês são o coração e os pulmões da nossa Terra e os zeladores da natureza, da alegria, do ritmo, da espiritualidade e da paixão pela vida.

O mundo está passando por muitas mudanças; por isso, penso que todos nós precisamos proteger o nosso coração da negatividade persistente, religando-nos à nossa fonte primeira de amor e espiritualidade a que chamo Deus, mas que também pode receber o nome de Mãe, Fonte, Divindade – um Amor que existe além de qualquer nome e qualquer descrição que possamos tentar atribuir-lhe. Infelizmente, o nome de Deus também vem sendo usado para justificar toda espécie de divisão, o que só nos afasta ainda mais uns dos outros e nos separa da nossa Fonte de vida. Não é um acaso o fato de algumas tradições antigas ocultarem o nome de Deus. Não podemos contestar todas as lições transmitidas pelas gerações e tradições anteriores; entretanto, aprendendo uns com os outros e integrando fé, prática e discernimento, podemos aprender a fortalecer nossa relação com a divindade. Podemos começar abandonando as interpretações da espiritualidade que, em vez de amor e união, trazem mágoa, separação, suspeita e discórdia. A reconfiguração mental de algumas das nossas palavras cotidianas pode fazer toda a diferença nos resultados da nossa vida. Por exemplo, uma palavra espiritual pode ter um significado mais profundo do que talvez tivesse até pouco tempo atrás.

Pouco tempo atrás, declarei que as pessoas sofrem, mas que não merecem sofrer, sobretudo de acordo com a vontade ou as mãos de seu Deus ou de seu universo. Precisamos de outra explicação. Muitos tomam essa falsa crença como pretexto para permitir e causar ainda mais sofrimento. Se Deus castiga, o que podemos esperar de outros? Precisamos adotar crenças novas e mais compassivas, incluindo a intenção do bem comum. Pedir a um Deus que tememos não é a mesma coisa que nos religarmos a um Deus que nos ama, nos sustenta, é incondicional e, mais importante ainda, não está separado de nós. A crença é essencial, e a crença subconsciente é tudo. Novas lições não podem ser aprendidas apenas com informações, mas, sim, com observação, abertura, experiência e reflexões que possibilitem o despertar de um novo modo de enxergar.

Precisamos da teoria, no entanto o mais importante é colocá-la em prática, integrando novas maneiras de compreender o mundo e a nós mesmos. Sendo assim, este livro constitui uma jornada interior ao longo da qual surgem algumas paradas para exercícios práticos.

O primeiro passo em direção a um mundo de unidade é cada um de nós tornar-se inteiro em sua individualidade. Só podemos ver no exterior o que reconhecemos no interior. A palavra integridade significa tornar-nos "quem realmente somos" — Um. Voltamos à unidade redescobrindo a nós mesmos e vendo-nos com novos olhos por meio da auto-observação isenta de julgamentos. Não nos conhecer ou sentir-nos eternamente culpados sem resolver nossas preocupações só nos força a entregar o nosso poder aos outros — sentir-nos inquietos,

PREFÁCIO À EDIÇÃO BRASILEIRA

infelizes e preocupados por nos viciarmos na tristeza e nas notícias pessimistas do mundo. O resultado natural de voltarmos a ser íntegros é o perdão a nós mesmos e aos outros e uma vida com sentido.

Estou ansiosa para compartilhar com você as lições essenciais que me possibilitaram passar das cicatrizes de uma infância abusiva para uma vida com propósito. As lições em *Os Ciclos da Alma* se mostraram imunes ao teste do tempo ao serem vividas por milhares de buscadores da espiritualidade e da alegria na última década, com resultados maravilhosos. Não precisamos de uma nova religião, mas, sim, de uma nova perspectiva, e a maioria das lições pode ser adaptada à sua vida ou à sua forma de espiritualidade, pois cada um segue um caminho diferente e dispõe de maneiras próprias de se expressar e de se conectar com a divindade. Fico feliz em poder informar que *Os Ciclos da Alma* foi publicado também na Índia, cuja população adota formas muito peculiares de espiritualidade. Unidade não significa igualdade.

Precisamos resgatar a nossa própria espiritualidade da divisão do mundo e nos religar diretamente à Fonte de amor a que todos temos acesso.

Tentar materializar ou rezar para pedir coisas que achamos de que precisamos em virtude da desconexão interior e da escassez só pode resultar em mais fragmentação interior. Não precisamos de novas técnicas, fórmulas e maneiras de mudar o mundo exterior, mas, sim, de modos de conhecer a nós mesmos para nos libertar.

Mais do que aprender coisas novas, precisamos nos lembrar de quem somos. Fico agradecida por você compartilhar esta jornada comigo. Estou ansiosa para visitar o Brasil.

Prefácio

No momento em que termino de traduzir estas palavras, a pandemia de Covid-19 continua a ameaçar o nosso mundo. Já se passaram pouco mais de cem anos desde que a pandemia de gripe espanhola produziu um caos indescritível em todo o planeta, e, enquanto o nosso mundo exterior parece equilibrar-se à beira de uma catástrofe, a única opção que temos é olhar para dentro de nós mesmos em busca de respostas. Este livro é um lembrete de que a vida se movimenta em ciclos, e, às vezes, esses ciclos estão tão afastados um do outro que sequer conseguimos nos lembrar de quando transitamos pelo precedente. Por sorte, à medida que esses ciclos continuam sua jornada sinuosa, pessoas ou acontecimentos sempre podem nos lembrar de que os bons tempos nunca estão distantes. Depois da escuridão da noite, sempre surgem o alvorecer e um sol brilhante para dissipar as trevas.

Refletindo sobre os tempos, recomendei à minha filha que não se preocupasse, pois esses são os testemunhos que ouvimos dos que tiveram a sorte de viver para contar a história. A dádiva de viver uma vida longa confere importância e significado a todas as nossas experiências. Ouça os centenários: eles falarão sobre guerras, perdas e depressões financeiras, mas também sobre amor, risos e a imensa alegria de viver. Como Martin Luther King Jr. disse uma vez, "só na escuridão da noite podemos ver as estrelas".[1]

No momento em que escrevo o prefácio desta edição inglesa, sinto-me imbuída de profunda gratidão. A versão original espanhola de Os Ciclos da Alma teve sua primeira publicação em Barcelona, em 2011, com o título Los Ciclos del Alma, e logo se tornou um *best-seller*. Depois da publicação original, várias edições foram impressas em vários países. Nunca sabemos para onde um livro nos levará, e Os Ciclos da Alma com certeza me surpreendeu com uma jornada inesperada.

O presente mais importante para um autor é a avaliação positiva dos seus leitores. Fico muito feliz em saber que, depois de nove anos, o livro continua na cabeceira das pessoas, um lugar mais sagrado que as prateleiras das melhores livrarias.

Enquanto trabalhava na tradução para o inglês, fiquei admirada ao saber que Os Ciclos da Alma é da maior relevância para o momento que estamos vivendo, revelando-se um tanto profético. Quando o nosso mundo sente as dores do crescimento, sobretudo à luz dos conflitos políticos e sociais contemporâneos, precisamos de um novo convite à tolerância, ao consolo e à esperança.

Nunca pretendi ser uma escritora de temas relacionados à espiritualidade. Longe disso. Minha jornada teve início no mundo agitado da indústria da moda, onde tentei me recuperar de traumas não resolvidos da infância me automedicando com apegos e realizações pessoais. No entanto, logo me dei conta de que as pessoas e o sucesso material não eram o remédio indicado para a recuperação. Nesse processo de busca, acabei me tornando o que os sábios do Oriente chamam de

---

1 De "I've Been to the Mountaintop" (1968), último discurso do doutor King antes de ser assassinado.

PREFÁCIO

"buscadores", dedicando mais de trinta anos ao aprendizado dos segredos da espiritualidade. Pessoas dos mais diferentes lugares e das mais diversas tradições se tornaram meus professores: gurus, alquimistas, lamas, metafísicos, magos, monges, autores renomados, xamãs, filósofos, pastores, sacerdotes e indígenas, todos representando uma grande variedade de países e crenças. Esses ensinamentos chegaram a mim dos lugares mais remotos – da Índia, do Tibete, da Inglaterra, da América do Norte e da América do Sul –, mas também tão próximos quanto as montanhas da minha terra natal, Porto Rico. Todas as pessoas que conheci e com as quais conversei tinham uma linguagem diferente para se conectar com Deus; no entanto, todos nós descrevíamos o Divino de acordo com as nossas experiências e a nossa educação.

Também aprendi lições valiosas com pessoas surpreendentes que encontrei ao longo da jornada – algumas que pareciam muito simples, mas acumulavam grande sabedoria interior. Recebi orientações valiosas de todas as pessoas que amei e também de algumas que prefiro me esquecer.

Algumas técnicas que aprendi eram, às vezes, muito difíceis de praticar. Outras vezes, as disciplinas espirituais exigiam cursos de meditação dispendiosos ou a vivência de níveis alterados de consciência. Muitas aulas e palestras versavam sobre conteúdos complexos, envolvendo também questões de teologia ambíguas e controversas. Eu desejava encontrar uma forma bem simples de me conectar com o mundo espiritual. Logo percebi que, embora algumas técnicas de pensamento positivo fossem eficazes, os resultados, às vezes, não se mostravam confiáveis – o desejo do nosso coração nem sempre se harmoniza com o nosso bem maior ou com o intuito das pessoas ao nosso redor. Em alguns momentos, o vazio e a confusão se faziam presentes.

Mesmo quando encontramos o que almejamos, a felicidade ainda depende de uma fonte externa, resultando em apego, o que podemos chamar de "medo de perder a nova maneira de preencher o vazio". Qualquer fonte externa de amor, aprovação ou segurança mostrava-se muito imprevisível e em constante mudança – e isso me levava a uma alegria passageira, seguida de constantes quedas no mesmo vazio original e no padrão de comportamento negativo de apego. Essa instabilidade gerava mais ansiedade, medo e perda. O ciclo de sempre voltar a me levantar e andar mais alguns passos, apenas para ter outra recaída, constituiu a minha experiência durante anos. Embora eu soubesse que a única maneira de encontrar a verdadeira harmonia envolvesse permitir que o amor de Deus se manifestasse em minha vida, na prática, eu não sabia como manter a conexão por muito tempo, e isso me levava a sofrer outras "quedas". Um dia, em meio a uma dessas quedas, lembrei-me de uma lição simples que havia aprendido com Dada,[2] um mestre e guru da Índia que conheci por intermédio de um amigo da área de negócios. Eu queria conhecer seus segredos e descobrir o que sempre dava errado em meus experimentos com as leis secretas do Universo.

Dada sempre respondia aos meus questionamentos com um sorriso humilde e o dedo indicador apontando para o céu: "Deus é o segredo", ele dizia. Foi ele que me inspirou a voltar à minha tradição original e me reapresentar a um Deus pessoal e amoroso. Por fim, reintegrei Deus à equação dos meus sonhos.

Com base nessa experiência, posso dizer que as respostas aos seus enigmas estão dentro de você, esperando para serem descobertas. Ninguém pode de fato "educar" alguém no âmbito espiritual. Em sua raiz, o verbo "educar" deriva da palavra latina *educere*, que significa "trazer para fora, fazer desabrochar

---

2 Dada J. P. Vaswani, renomado líder espiritual da Índia, foi presidente da Missão Sadhu Vaswani.

PREFÁCIO

o que você já tem dentro de si"; então, nenhum professor é indispensável. Não acredito na motivação, e também sei que a adrenalina não é uma solução permanente. A adrenalina talvez ajude, caso você precise correr para salvar sua vida, mas não é uma fonte confiável de combustível a longo prazo. A vida não foi feita para ser uma maratona ininterrupta, sobretudo se estivermos fugindo de nós mesmos. Aprendi que ninguém pode motivá-lo a fazer algo que você não está destinado a fazer, pelo menos não por muito tempo. A flor precisa de um motivo para desabrochar? A chuva precisa de uma razão para cair em solo ressequido? Se precisamos de motivação constante para continuar num caminho, talvez tenhamos de nos perguntar se essa é, de fato, a direção certa a seguir. Prefiro usar a palavra "inspirar", que deriva de *spirare* e significa "respirar". Sempre podemos convidar Deus a revelar nosso propósito.

A grande questão é: como chego a esse ponto? Em outras palavras: como posso descobrir quais são os obstáculos que me impedem de compreender com plenitude quem eu sou?

O caminho para a paz é o da reflexão interior e da observação derivada de um vínculo consciente e voluntário com o seu verdadeiro ser interior e com Deus. Quando digo "Deus", faço-o por falta de outra palavra que possa ser compreendida por todos.

A própria menção ao nome de Deus pode confundir, pois este é um nome em geral associado ao medo, ao julgamento, à culpa, à punição e até mesmo à guerra, razões pelas quais milhares de pessoas se afastaram da orientação divina. Deus é a inteligência incompreensível que gera ordem num mundo que nos parece caótico. Ele unifica tudo num sopro imenso de amor. Deus é onipresente e onisciente. É sempre amoroso,

19

misericordioso, justo e universal. Descobri que essas qualidades um tanto abstratas não me impedem em absoluto de ter uma vivência pessoal com Ele. Todos nós habitamos n'Ele, assim como Ele habita em nós, ou, como Paulo se expressa no livro de Atos, "Em Deus vivemos, nos movemos e existimos [...] Somos da raça do próprio Deus" (Atos 17,28).

Não julgo a religião nem as crenças individuais de ninguém. Deus é único, mas cada religião tem sua linguagem particular. Acredito que Deus tem um plano para a cura de toda a humanidade que se revelou em todas as culturas ao longo do tempo. Não podemos dizer que todas as religiões são iguais; em cada uma existem símbolos especiais e maneiras únicas de se comunicar com a divindade. Acredito que esses códigos foram dados aos seres humanos como referência, não como armas para uns ferirem outros ou para nos dividir em torno do predomínio da verdade de uma crença sobre outra. Lembremo-nos todos que o poder de Deus já nos envolve, e seja qual for o nome com o qual O ou A invocamos, Deus está apenas a um chamado de distância para se manifestar em nossa vida.

Deus é tudo de que você precisa para viver na luz. Quando você se conecta com a sua vontade e com a sua força eterna, compassiva, onipresente e inteligente, não há mais necessidade de perseguir sonhos equivocados ou manifestar desejos por meio de técnicas, normas ou regras. Os sonhos apropriados chegarão a você de maneiras inimagináveis. Vivendo essa conexão constante, você perceberá que sua expressão mais elevada e seu verdadeiro propósito de vida se revelarão de modo espontâneo e inevitável no momento certo. Lembre-se, você faz parte da mesma sabedoria que orquestra todas as galáxias do Universo. Esse alinhamento com a bondade é nosso estado natural de ser, mas foi oxidado por nossos medos, nossas dúvidas, nossos ressentimentos e pelas falsas ilusões que nos separam da verdadeira sabedoria de Deus. Estamos desconectados Dele por causa de nossas crenças errôneas e por conta de nossa relutância em ceder à sua ordem. Em outras palavras, afastamo-nos do seu amor sempre que nos esquecemos de quem realmente somos.

Como usar este livro

Este é um manual de instruções para despertar. Está escrito na forma de diálogo, como uma conversa bem semelhante às conversas que tive com muitos professores que me ensinaram e também com outros buscadores. Minha intenção é compartilhar os ensinamentos universais que resistem à passagem do tempo. Em vez de regras e ensinamentos teológicos, quero transmitir lições de espiritualidade transformadoras, acompanhadas de valores universais e práticas da vida real. Tudo o que peço é que você o leia com toda a atenção. Nada mais é necessário!

Os Ciclos da Alma consistem, em sua essência, nas lições que aprendi com meus mestres. Falando com milhares de buscadores ao longo dos anos, percebi que todos nós precisamos de algo prático. Por isso, fiz questão de simplificar os ensinamentos complicados. Às vezes, basta uma conversa elevada para ajudar alguém a passar do desespero à esperança. Descobri que, dando certos passos com persistência, milagres acontecem de modo espontâneo tanto na vida das pessoas que procuro ajudar como na minha. Percebendo todo o peso que é removido dos ombros dessas pessoas depois das nossas conversas, às vezes, me detenho e faço uma revisão de todas as etapas que seguimos que resultaram numa transformação. Quando digo transformação ou milagre, refiro-me a uma mudança de percepção – o processo de superação de experiências negativas do passado ou uma tomada de consciência espontânea, drástica e sem grandes sofrimentos. Não ofereço poções mágicas para a cura espiritual e, de fato, não há substituto para a terapia profissional (que recomendo em momentos de necessidade). Todavia, podemos dar alguns passos na direção de uma vida mais feliz, pois, de modo geral, a paz não é tanto o resultado da solução de um problema, mas deriva da aceitação e da disposição de abandonar uma interpretação nociva. A solução para a maioria dos nossos dilemas se revela quando estamos dispostos a permitir a intervenção divina.

As etapas que pratico seguem uma ordem específica que começa com um momento de auto-observação voluntária, aceitação e gratidão, antes de promover uma "mudança". Essa mudança espontânea é resultado de uma conexão voluntária com o Divino que induz, de imediato, à cura por meio do perdão. Alguns podem chamá-la de despertar espiritual ou metanoia, palavra grega para mudança do modo de pensar e para transformação espiritual. Percebi que para muitas pessoas nessa condição, os sonhos se tornaram realidade. Seja o objetivo uma oferta de emprego, um prêmio, uma reconciliação tardia, a obtenção da cidadania, o encontro do amor ou mesmo uma cura espontânea, os sonhos podem se concretizar.

De modo ainda mais significativo, as pessoas passaram a sentir uma verdadeira paz e harmonia interior, quaisquer que fossem suas condições externas, e os dramas supérfluos de suas vidas começaram a se dissipar. Às vezes, a solução de um problema pode estar bem à nossa frente, mas a nossa resistência, a indisposição de perdoar e as distrações com coisas do nosso passado nos deixam cegos. Nas palavras da conhecida canção gospel *Amazing Grace* (Maravilhosa Graça): "Eu era cego, mas agora vejo". Que bela descrição de um momento de despertar! Não posso negar as conexões óbvias que descobri; havia algo especial nessa sequência. Depois de praticar as mesmas etapas centenas de vezes e de obter os mesmos resultados, eu quis compartilhar o processo com todos. Hoje, passada uma década, ele

PREFÁCIO

vem ajudando um número expressivo de pessoas, eu mesma entre elas.

Você encontrará aqui o que chamo de Processo de Conexão, uma sequência de sete lições que considero as mais úteis para abrir o caminho em direção à paz. Sugiro que você as leia na ordem, sem pular capítulos, pois cada lição prepara o terreno para a compreensão final. Espero que, ao ler estas páginas, você sinta, de modo natural, uma nova consciência, permitindo-se alcançar uma percepção mais saudável das diferentes áreas da sua vida. Às vezes, a solução para os nossos problemas tem início quando aprendemos a ver com "novos olhos". Se pedirmos a Deus que nos ajude a ver com um novo olhar, Ele responderá com uma visão nova e revista do nosso antigo dilema.

As lições deste livro podem parecer simples, mas estão repletas de valiosas centelhas de compreensão. Se você já percorreu o caminho da espiritualidade por tempo razoável, muitos desses ensinamentos lhe serão familiares. Mas um lembrete é sempre oportuno: este processo não tem em vista encontrar uma solução temporária; seu objetivo é oferecer-lhe a oportunidade de fornecer a si mesmo recursos para um novo modo de vida. Ao longo do percurso, você se deparará com muitas reflexões e alguns exercícios de escrita. Desde já, sugiro que adote um diário ou reserve algum tipo de bloco ou caderno que possa dividir em seções. Almejo passar as próximas semanas com você enquanto percorrermos o caminho juntos.

Introdução

O início da nossa relação com Deus se dá por meio do "conhece-te a ti mesmo", como nos lembra o aforismo grego. Descobri que uma das vias mais propícias para nos levar ao conhecimento de nós mesmos é a observação do comportamento da natureza. A natureza se movimenta em ciclos. No contexto deste livro, um ciclo é uma metáfora espiritual para a observação das qualidades que se revelam em diferentes momentos de nossa vida. Um ciclo é uma manifestação periódica por meio da qual tudo o que está no Universo evolui; sua expressão externa são as estações. O retorno das estações a cada ano nos possibilita discernir padrões, os quais podemos inclusive prever, pelo menos até certo ponto. Um ciclo se movimenta em ritmos e dura um tempo determinado. Esses ritmos sugerem uma grande espiral, em contraste com um círculo fechado, pois sempre há uma abertura para recomeçar. Depois de um ciclo, nada retorna ao seu lugar de origem sem passar por uma transformação.

Furacões, galáxias e átomos têm suas órbitas. Seus ciclos podem durar tanto um microssegundo quanto uma aparente eternidade, conforme o ponto de referência. Podemos comparar o movimento instantâneo de um átomo a cem anos de uma galáxia movendo-se no que parece uma espiral. Existem macrociclos, como o deslocamento dos astros pelo firmamento, e microciclos, como a órbita da Lua. Tudo no Universo evolui dessa maneira, e todos nós fazemos parte desse cronômetro circadiano, conectados num padrão compulsório que ecoa por todo o Universo. Cada ciclo faz parte de uma harmonia conjunta.

Não pretendo apresentar aqui uma dissertação científica, mas, sim, observar que a natureza nos ensina muita coisa sobre quem somos. Só podemos descrever o que vemos com nossos olhos físicos e em nossa vida diária; temos consciência de alguns ciclos apenas; porém, os eventos que ocorrem são incontáveis. A busca por Deus começou com a observação das estrelas e dos seus ciclos.

Cada religião tem sua própria história da criação, a tentativa de usar uma metáfora para explicar o que a razão não consegue esclarecer. Como interpretação científica da história da criação da tradição católica – "no princípio, havia a luz" – temos a Teoria do Big Bang – a princípio, proposta por Georges Lemaitre, um padre jesuíta. Na filosofia hindu, o Universo é uma manifestação de Brahma, o "todo", que, por ação do deus Shiva, executa uma grandiosa dança eterna de criação e destruição, apenas para começar tudo de novo. Nessa cosmologia, o Universo se expande e se contrai, o que explica sua capacidade de se criar e de se destruir. Os cosmólogos hindus e o *Bhagavad-Gītā* dividem essas inalações e exalações do Universo em eras ou ciclos previsíveis chamados *yugas*. De acordo com seus ensinamentos, esses ciclos se repetem ao longo de milhões de anos.

Muitas culturas e religiões concordam que houve uma separação primordial e que estamos no meio de um retorno. Assim, podemos definir a espiritualidade como *o caminho de volta para casa* – por isso, não surpreende que a maioria das

INTRODUÇÃO

práticas espirituais seja definida como um caminho. Os primeiros cristãos eram conhecidos como pessoas que "pertenciam ao Caminho".³ Tao significa caminho, via, rota, estrada. No hinduísmo, existe o conceito do Caminho Eterno. O budismo fala em Caminho do Meio. Alguns também incluem a orientação como parte do caminho, com palavras e frases como Dharma, a Lei ou o caminho da salvação. Todos esses termos remetem a um destino final ou a um estado espiritual definitivo, conhecido por alguns como paraíso, *moksha* ou Nirvana.

Algumas tradições preveem um fim cataclísmico ou fatídico para o mundo como o conhecemos. Não encontro conforto nessas crenças pessimistas sobre finais apocalípticos. Em vez disso, devemos nos lembrar de que a palavra "apocalipse" significa revelação. Ver tudo com novos olhos é uma perspectiva mais animadora. De acordo com o budismo, vivemos num mundo de *maya*, a ilusão causadora de sofrimento, sugerindo que a remoção desse véu nos liberta. Algumas tradições indígenas chamam essa ilusão de "sonho". No cristianismo, temos as palavras de João: "[...] conhecereis a verdade, e a verdade vos libertará".⁴

Não precisamos esperar até o fim dos tempos para iniciar esse processo. A cada resposta, uma nova pergunta surgirá, mas um fato é indiscutível: com uma voz que se torna cada dia mais forte, questionamos o tempo todo nossos pressupostos com relação a tudo o que antes considerávamos como norma. Estamos nos perguntando quem somos e desafiando o *status quo* em todas as áreas – de finanças a direitos humanos, de medicina e espiritualidade a educação e governo. A disponibilidade instantânea de informações pela internet tornou o processo de busca de respostas mais

3 Atos 9,2.
4 João, 8,32.

27

democrático, mas também mais confuso. Neste novo ciclo, não poderemos mais ignorar as injustiças sociais. A última década girou em torno da tomada de consciência das contradições da sociedade. Prevejo que as próximas décadas irão se voltar para ações e mudanças.

Enquanto muitos se perdem no mundo, deslumbrados com o grande circo das distrações, não podemos mais negar o problema da injustiça, de modo especial quando o que é de fato importante para todos é revertido em benefício de poucos. Em vez disso, precisamos nos esforçar para buscar equilíbrio e bem-estar para todos. Se não o fizermos, o Universo o fará por nós. Não podemos ignorar o desequilíbrio que criamos no meio ambiente. Despertamos para o fato de que as mudanças para pior na natureza não são um mito, mas a consequência de uma vida desregrada e desequilibrada. Permanecer indiferentes, optando por acreditar que a vida como a conhecemos continuará a mesma sem que precisemos mudar nossos hábitos, apenas causará mais e maiores danos. Uma célula do corpo humano não pode ter um plano próprio – ela deve seguir o projeto universal. Você não pode ter um plano individual sem incluir "o todo". Existe uma ordem perfeita, uma ordem que transtornamos quando nos agarramos a desejos inconscientes que não refletem um conjunto harmonioso.

É ilógico imaginar que podemos coordenar todos os detalhes do Universo. Só acabaremos exaustos enquanto lutarmos para controlar a nossa vida e a vida dos outros, microgerenciando o Universo sem a ajuda divina. Nossa tarefa não é administrar o Universo, mas permitir que Deus expresse seu amor ao mundo por intermédio de cada um de nós. A consequência do desconhecimento do nosso propósito será confusão, insatisfação, depressão, problemas financeiros e doenças. Precisamos continuar fazendo perguntas essenciais sobre quem

INTRODUÇÃO

somos, tentando descobrir de onde viemos e por que estamos aqui. Embora nem sempre encontremos respostas, questionar já será suficiente para sermos impulsionados a buscar uma vida que faça sentido.

Estudos sobre a relação entre felicidade e longevidade levaram à conclusão de que a variável mais importante para uma boa saúde é o fato de as pessoas terem encontrado seu propósito, seu grande objetivo de vida. Os que encontraram um "motivo para se levantar de manhã", ou *ikigai*, como o chamam no Japão, sentem-se felizes fazendo o que gostam de fazer, pondo, assim, seus talentos e suas habilidades à disposição da comunidade e do mundo. Cada cultura tem sua própria versão de um modo de vida equilibrado e significativo: no Japão, chama-se *ikigai*, na tradição dinamarquesa, *hygge*, que significa sensação de contentamento ou bem-estar, e os suíços usam o termo *lagom*, "medida certa".

Às vezes, podemos nos esquecer do nosso propósito, mas a nossa alma não se esquece; ela sempre nos lembra, e o faz dando-nos a sensação de um "certo vazio" que não conseguimos preencher, seja o que for que adquiramos ou conquistemos.

Este livro é um lembrete, um apelo e um convite para você assumir o plano que Deus elaborou de um modo especial para você. Ninguém pode ocupar o seu lugar, e você é indispensável no plano divino. Para conhecer sua missão, você precisa se conectar direto com Deus. E a conexão com a sabedoria superior de Deus exige um esforço consciente e voluntário.

Você pode identificar o seu verdadeiro propósito por meio da sensação de felicidade plena que o preenche nos momentos fugazes em que está conectado e envolvido com sua tarefa correta. Quando conhece o seu propósito verdadeiro, você mesmo e as pessoas ao seu redor recebem a dádiva de um bem maior para todos.

Não podemos alterar as oscilações dos ciclos; não podemos controlar as estações. No entanto, podemos aprender a identificar as tempestades e a navegar por águas turbulentas. Não podemos evitar o ciclo do inverno, mas podemos preparar-nos para sua chegada, suprindo-nos de alimentos, agasalhos e abrigo. Não podemos controlar as marés altas e baixas, mas podemos aprender as coordenadas e nos manter firmes em nosso curso sem perder de vista nosso verdadeiro norte.

PARTE I

A ESSÊNCIA HUMANA

CAPÍTULO 1

Quem sou eu?

Em nosso mundo acelerado, exigimos de nós mesmos excelência, eficiência e produtividade. Almejamos alcançar rapidamente nossos objetivos, mas quantos de nós paramos para nos perguntar: quem sou eu? De onde venho? Para onde vou? Qual é o meu verdadeiro propósito? Essas são perguntas básicas que suscitam outras ainda mais profundas, como: qual é o sentido de tudo? Como trabalha o meu eu interior? Quais são as regras do jogo da vida? Quem tem o manual de instruções da existência? Sou realmente feliz? Qual é a minha medida de felicidade? Por outro lado, contentando-nos com uma resposta superficial ou equivocada, seremos vítimas de inúmeras lamentáveis decepções.

Somos poeira das estrelas

Certa vez, ao visitar com minha filha o Museu de História Natural da cidade de Nova York, enquanto contemplava maravilhada o espetáculo das galáxias, me perguntei qual era o meu propósito neste universo infinito. Que importância eu poderia ter se sou apenas uma minúscula e insignificante partícula de poeira perdida no espaço de um universo ilimitado? Então, me lembrei que até minúsculos organismos vivos, como células, bactérias e parasitas, têm seu propósito, imprescindível para a evolução da vida em nosso planeta, todos seguindo um plano previamente traçado.

Um dos princípios universais afirma "Assim em cima como embaixo", indicando que a organização do Universo se repete em diferentes graus e níveis de existência. Imagine que pudéssemos, por um momento, ver as coisas ao nosso redor do ponto de vista de uma partícula subatômica. Com toda a probabilidade, veríamos tudo – mesas, pessoas, água – não como objetos físicos, mas do modo exato como eu via as galáxias no planetário, como um espaço imenso, um grande vazio, com os planetas e as estrelas sendo vistos como partículas ínfimas. Na Física, a única diferença entre uma pedra e uma folha é a configuração atômica e a vibração de cada uma. Quanto mais rápida a vibração do objeto, mais invisível ele é; quanto mais lenta a vibração, mais denso ele se revela. Os gases vibram com mais rapidez que os sólidos. Somos feitos do mesmo material. Todos nós somos um: uma só matéria e um só espírito.

Tudo o que chamamos de real é feito de coisas que não podem ser consideradas reais.
– Niels Bohr

Em momentos de reflexão, eu me pergunto como seria o Universo se eu pudesse vê-lo da perspectiva de uma célula olhando para um corpo humano. Que forma ele teria? Pareceria um ser humano gigantesco? Seria a verdadeira imagem de Deus? Ou seria eu mesma, mas à sua imagem e semelhança?

Somos muito parecidos com as estrelas, não temos consciência de fazer parte de um majestoso sistema solar. Assim como nós, cada estrela faz parte do todo. Não podemos tirar uma estrela do céu – ela não pode ser removida de modo cirúrgico nem destruída. Uma estrela só pode se transformar tornando-se parte de outra no final do seu ciclo, e as estrelas também podem se tornar parte de nós.

Deus ama as coisas tornando-se elas.

– Richard Rohr

Como Pierre Teilhard de Chardin nos lembra: "Não somos seres humanos vivendo uma experiência espiritual; somos seres espirituais vivendo uma experiência humana". Quando falo da alma, refiro-me ao verdadeiro eu, a parte de nós que toca o Divino, que vive além do corpo. Todos nós somos almas vivendo ao mesmo tempo uma experiência física. A Terra é nossa escola, mas não nosso lar permanente. Para vir para cá, tivemos de adquirir uma vestimenta, um traje temporário feito na medida exata e com todas as características necessárias para poder sobreviver neste ambiente severo e hostil. Repare que "Adão" significa "feito da terra". Precisávamos de um corpo físico para nos movimentar, de uma mente para criar e discernir, de emoções para sentir e nos proteger e também de um ego para criar uma identidade individual. Somos uma versão física da alma, adaptada a esta Terra, preparada de um jeito perfeito para enfrentar o mundo em que nascemos, para viver, crescer, amar e aprender.

Do mesmo modo, se quiséssemos mergulhar até as profundezas do mar, precisaríamos de equipamentos de mergulho especiais para sobreviver nesse novo ambiente. De volta à superfície, não teríamos mais necessidade desses equipamentos; então, apenas nos livraríamos deles. Podemos aplicar o mesmo princípio ao corpo – ele é o nosso "equipamento de mergulho" durante a nossa existência terrena.

Os problemas surgem quando nos esquecemos de quem somos e nos identificamos demais com o traje temporário, acabando por confundir o traje com o nosso verdadeiro e eterno eu interior, ou nossa essência.

A ilusão entre nós

O medo é o oposto do amor, e o pior inimigo do amor é a ilusão da separação. A grande mentira é a crença de que somos seres isolados. O ego nos engana usando o medo que temos de perder a nossa fonte de amor, mas não podemos perder a essência do que já somos. Esquecemo-nos de que todos nós fazemos parte de um só corpo. Por isso, não é possível causar dor ao outro sem ferir a nós mesmos. O significado da palavra grega *diabolos* é divisão. Amor e medo não podem coexistir.

> *Não há temor no amor; ao contrário,*
> *o perfeito amor lança fora o temor porque o temor*
> *implica um castigo, e o que teme não chegou à*
> *perfeição do amor.*
> – 1João 4,18

No livro *Um Curso em Milagres* o significado da passagem acima foi resumido na agora imortalizada frase: "Amar é libertar-se do medo". Em outras palavras, nada pode afetar o que é aperfeiçoado pelo amor. As sombras não são reais. Deus é luz. A escuridão é apenas uma percepção. Por outro lado, a *consciência* é a nossa capacidade de ver coisas não corrompidas. O reconhecimento da unidade vencerá toda separação. O verdadeiro significado da palavra *iluminação* envolve a capacidade de ver o mundo como ele é.

Interconexão: o modo de ser da natureza

A natureza é o melhor professor da unidade. Ela nos mostra como podemos trabalhar juntos e em harmonia. Um dia, quando eu visitava uma floresta em Porto Rico, um amigo chamou a minha atenção para a resistência do tabonuco. Essas árvores são tão fortes e altas quanto catedrais e resistem aos ventos dos furacões mais devastadores. Qual é o seu segredo? Na superfície, elas parecem isoladas e separadas umas das outras. Alguns cientistas, porém, descobriram que todas elas escoram umas às outras por meio do seu sistema de raízes interconectadas – como os longos braços de um polvo enorme, abraçando-se numa interminável corrente de amor. Os tabonucos são interdependentes e dividem entre si os nutrientes da terra por meio dos seus "braços amorosos" entrelaçados, que geram uma força que os torna invencíveis. Cheguei a observar uma árvore caída nas proximidades que ainda se conservava saudável e verde por continuar ligada às outras.

O grande teatro da vida

Quando recebemos o nosso "equipamento de mergulho" para vir à Terra, também aceitamos o papel que representaremos no teatro da vida. Aprendemos lições de vida com a ajuda dessa ficção, pois a peça é a grande escola que nos ensina por meio desses dramas ilusórios, recriados e encenados como se fossem reais. O problema surge quando confundimos esse mundo imaginário com o real e verdadeiro – quando tomamos o papel pelo ator e o drama pela realidade.

Maya, palavra sânscrita que significa ilusão, nos lembra a confusão em que estaremos envolvidos se acreditarmos que a peça de teatro é a realidade e que o nosso papel temporário é nossa identidade. Apenas regressando à nossa verdadeira casa, onde já não haverá disfarces nem máscaras, é que, enfim, tomaremos consciência da nossa natureza intrínseca. Não podemos nos apegar ou nos identificar com coisas, crenças ou situações deste mundo, pois são apenas parte desse estágio transitório.

O mundo passa com seus desejos insaciáveis. Mas quem faz a vontade de Deus permanece para sempre.
– 1João 2,17

As pessoas que amamos – nosso pai, nossa mãe, nossos filhos e mesmo aquelas que acreditamos ser nossas inimigas – são todas feitas de espírito. Além de seu personagem de teatro temporário, elas estarão conosco para sempre porque também fazem parte de Deus.

Nem tudo é o que parece e nem tudo o que parece é

Uma prática essencial que aprendi é observar os fatos da vida de uma perspectiva desapegada do "grande observador" ou do nosso verdadeiro eu. Isso exige que olhemos a situação de um ponto de vista neutro, com a consciência de que nem sempre as coisas são como pensamos. Em vez de reagir, é proveitoso observar os acontecimentos com neutralidade – sem euforia (felicidade exagerada) e sem desespero (tristeza incontrolável) –, mantendo-nos centrados, sem julgar ou alimentar expectativas e aceitando o presente em sua totalidade. É importante entender que a mesma inteligência superior que articula todos os acontecimentos do Universo também está sempre trabalhando conosco. Quando vivemos em conexão permanente com a vontade de Deus, não temos outra escolha senão confiar que Deus trabalha para o nosso bem maior. É inútil tentar chegar às próprias conclusões sobre o que vemos em momentos de confusão. Nossos sentidos e nossas primeiras impressões podem enganar nossa percepção e nossa capacidade de julgar. É melhor parar um pouco e deixar que o desdobramento natural dos acontecimentos nos mostre a verdade.

Azar ou sorte? Só Deus sabe!

Uma conhecida história taoista conta que um sábio camponês vivia com seu único filho numa localidade do interior. Tinham apenas um velho cavalo, que usavam para levar a colheita ao mercado. Numa noite, uma grande tempestade desabou sobre a aldeia. Ao amanhecer, o camponês descobriu que seu cavalo havia desaparecido.

Um vizinho curioso foi vê-lo e disse, chateado:

— Que azar você ter perdido seu cavalo!".

Ao que o sábio respondeu:

— Azar ou sorte? Só Deus sabe!".

O vizinho olhou para ele confuso e seguiu seu caminho, coçando a cabeça.

No dia seguinte, o camponês percebeu que o cavalo havia voltado e, para sua surpresa, chegara acompanhado de vários cavalos selvagens. De novo, o vizinho curioso chegou e comentou com alegria:

— Que sorte a sua, meu amigo! Agora, você vai ficar rico vendendo esses cavalos!".

Para sua surpresa, porém, o sábio de novo respondeu:

— Sorte ou azar? Só Deus sabe!".

Um dia depois, o filho do camponês começou a treinar os cavalos. Por um infortúnio, um deles o derrubou, e na queda o jovem quebrou a perna.

O vizinho voltou a aparecer e disse preocupado ao camponês:

— Que tristeza, meu amigo, acontecer isso com seu filho; ele é seu único ajudante. Ainda por cima, você vai perder tudo, porque não terá vantagem com os cavalos. Eles só vão ficar comendo, sem dar nada em troca!".

O estoico e sábio homem respondeu:

— Azar ou sorte? Só Deus sabe!".

O vizinho olhou de novo para ele incrédulo. Sentindo-se insultado, saiu resmungando por causa da resposta absurda do camponês.

Passado mais um dia, correu a notícia de que havia estourado uma guerra e que os oficiais do rei estavam batendo de porta em porta à procura dos aldeões mais jovens para enviá-los à frente de batalha. Eles já tinham recrutado todos os jovens da aldeia, mas quando chegaram à casa do camponês não puderam levar seu filho, pois em consequência do acidente ele estava inapto para a guerra.

Todos na aldeia ficaram surpresos, inclusive o vizinho curioso; todavia, o sábio camponês apenas repetiu o que havia dito desde o início:

— Sorte ou azar? Só Deus sabe!".

Essa história mostra à perfeição como tudo é relativo; o que parece uma desgraça pode se tornar uma bênção disfarçada e vice-versa. Quando algo ou alguém chegar até você com uma mensagem, mantenha-se neutro, porque esta pode ser positiva ou não; ela pode ser positiva ou negativa, conforme as circunstâncias. Só o tempo dirá.

Nosso verdadeiro eu está contaminado com todas as identidades, as crenças e os hábitos adquiridos ao longo dos anos. Em vez de aprender algo novo, talvez devêssemos, antes, realizar o processo contrário: nos esquecer de grande parte do que aprendemos e *desprogramar-nos do que não somos de fato.*

Você não é o seu corpo

Nosso corpo é apenas um "equipamento de mergulho". Ainda assim, sem ele nossa alma não teria condições de estar na Terra. Por isso, é responsabilidade nossa cuidar do corpo, fornecendo-lhe alimentação adequada, exercícios apropriados, descanso, oxigênio e energia. Mas ele pode também pedir outras coisas das quais não necessita para funcionar, como, por exemplo, cafeína, álcool, sexo prejudicial etc. É importante saber que é você que controla o seu corpo, e que não é o corpo que deve conduzir sua vida. O mesmo raciocínio se aplica aos seus pensamentos e às suas emoções, que também fazem parte do "equipamento de mergulho" e não devem se sobrepor ao seu verdadeiro eu.

Muitas pessoas se identificam de modo errôneo com o próprio corpo, sucumbindo a obsessões e extremos nocivos. Fazem de tudo para alcançar o que acreditam ser a perfeição, mas que não é outra coisa senão uma imagem que julgam aceitável aos olhos dos outros. Elas não se dão conta de que sua percepção do que consideram belo, com muita probabilidade, é definida e influenciada pela cultura, pela moda ou pela mais nova extravagância. Ter o corpo de uma modelo de um quadro de Rubens ou de uma bailarina de Degas não é importante. O que importa é saber apreciar a beleza verdadeira que emana do interior.

Você não é suas crenças

Como você chegou a pensar da maneira que pensa? A se vestir como se veste? A concordar ou não com um partido político ou aderir a uma determinada ideologia? Qual é a origem das suas preferências nas diferentes áreas de sua vida? Por que uma pessoa em particular o atrai enquanto outras lhe causam desprazer?

Desde muito cedo, nos adaptamos e aceitamos como nossos os modos de pensar predominantes em nossa cultura. Aprendemos a pensar com as pessoas que representam autoridade em nossa vida – familiares, professores e colegas de escola tornam-se nossos exemplos de como reagir e como julgar. No entanto, a visão peculiar dessas pessoas pode não representar a maneira correta de perceber a realidade, pois são infinitos os modos de ver o mundo, não únicos. Uma ideia repetida de modo constante acaba se tornando uma crença. De modo geral, não vivemos uma vida autêntica, pois num âmbito inconsciente escolhemos coisas, situações e crenças que possam garantir que sejamos aceitos pelas pessoas ao nosso redor.

Você não é o que você faz

Vivemos a nossa vida em capítulos. Em alguns, somos filhos, em outros, somos pais. Muitas vezes, confundimos o nosso verdadeiro eu com o papel que desempenhamos numa determinada etapa da vida. Quando nos identificamos com esses papéis, como pai, empresário ou síndico, por exemplo, acreditamos que *somos* essas identidades. Confundimos o tempo todo o que fazemos com quem somos. Somos muito mais do que esses papéis temporários; somos o "grande observador imutável" – aquele que vê o filme de sua vida através dos vários ciclos ou capítulos em que ela está dividida.

Você não é o que faz, nem o que tem, nem o que pensa. Você é uma alma amada por Deus muito além de suas realizações e de suas obrigações.

Caso encerrado

Talvez eu tenha aprendido a maior lição sobre o fim da nossa jornada na casa de repouso onde vive minha mãe, que sofre de Alzheimer. Com sua falta de memória, cada momento é totalmente novo para ela e, por consequência, também para mim, pois ela se esquece de todas as minhas visitas anteriores, com seus bons e maus momentos – é uma lição sobre estar presente. O aspecto positivo é que ela também não se lembra das partes tristes de sua vida. Tudo e todos desapareceram de sua memória – inclusive as pessoas que partiram e as que a prejudicaram no passado.

A maior parte do nosso sofrimento resulta das memórias mal resolvidas da nossa história pessoal. O que mais me surpreende nesse aspecto é constatar como, mesmo na velhice, algumas pessoas ainda se apegam a seus papéis passados. O pensamento que repetimos durante muito tempo pode se cristalizar, criar um padrão automático e se transformar em mania. Quando eu estava procurando uma casa de repouso segura para minha mãe, tive a oportunidade de observar muitos casos em que essa era a situação. Por exemplo, fiquei muito abalada com o caso de uma senhora de 84 anos que tinha sido uma juíza importante e muito temida antes de se aposentar. Ela se identificava tanto com seu poder e seu ofício que, mesmo depois de muitos anos de aposentadoria, ainda representava o papel de temível juíza na casa de repouso. Como resultado, estava sempre isolada, com seu constante olhar severo. Do modo como viveu, assim foi sua morte, na solidão. Caso encerrado.

Situações como essa me fazem perceber que nada do que temos nem do que acumulamos vale a pena no final; nem os reconhecimentos, as propriedades e as honras recebidas têm valor no fim da jornada. O que importa no fim da vida não é o que acumulamos, mas o que doamos. Em contraste com essa história, conheci outra senhora idosa muito humilde e amorosa; a vontade que eu tinha era só de abraçá-la. Ela teve demência precoce, mas observei numa foto em sua sala de jantar que ela fora uma das fundadoras de uma importante organização comunitária.

As principais perguntas que deveremos fazer ao final da nossa vida são: eu deixei um legado? Tornei o mundo um lugar melhor para as gerações futuras? Eu amei? Servi aos outros? No final dos nossos dias, o que de fato conta são os pequenos ou os grandes atos de amor que praticamos para com os outros – este é o verdadeiro significado da transcendência.

Você não é uma ilha

A maior parte dos nossos preconceitos deriva das linhas invisíveis que dividem nosso planeta em diferentes áreas geográficas, segregando a diversidade orgânica de dialetos, culturas, raças, religiões e cores. Essas divisões imaginárias nos levam à crença errônea de que o local onde nascemos dita o que é certo para todo o planeta.

Você já parou para pensar no fato de que existem milhares de culturas no mundo? Modos incontáveis de pensar, de se vestir, de viver? Nós nos esquecemos com muita facilidade que é imensa a variedade de pessoas do outro lado do mundo: budistas, hindus, cristãos, muçulmanos, todos seres de diferentes cores de pele, feições, línguas, dialetos e costumes.

Um exercício proveitoso é imaginar-se em aeroportos de diferentes países, observando os viajantes que chegam e que partem. Imagine milhares de pessoas dirigindo-se aos seus respectivos portões de embarque, vestidas com trajes diversos e com características muito próprias. Penso no aeroporto de Heathrow, em Londres, na Inglaterra. É um carrossel de diferentes trajes nativos e de raças de todas as partes do mundo.

Você já observou seus pensamentos quando viu alguém diferente de você? Se você é branco, o que pensa de um indígena ou de uma pessoa de outra cor? Se é indígena ou não é branco, o que pensa de uma pessoa branca ou europeia? O que você pensa de um oriental ou de um árabe? Se é pobre, o que pensa de um rico? E, se é rico, o que pensa de um pobre?

Saiba que tudo o que você pensa sobre pessoas diferentes de você, seja bem ou mal, é sempre um julgamento.

Você é realmente uma pessoa "culta"?

Eu conversei com um homem que ocupava um cargo importante numa determinada sociedade, e ele se referiu às pessoas "cultas" como se fossem superiores e civilizadas, educadas em universidades de prestígio e tivessem recursos financeiros. Ao ouvi-lo, me veio à mente esta imagem: uma pessoa educada pode rir de alguém que mora num lugar remoto, longe dos avanços da civilização, por não saber acender um fogão elétrico. Em contraste, o nativo pode rir do "civilizado" pelo fato de este não ser capaz de acender uma fogueira. O nativo, com toda a probabilidade, chamaria essa pessoa "civilizada" de "inculta". Sem dúvida, uma pessoa culta de verdade tem a mente aberta e é capaz de aprender com curiosidade e interesse genuínos tanto com uma pessoa da realeza quanto por meio de pessoas de origens humildes. Ambos os mundos têm uma cultura específica peculiar de seu estilo de vida e de sua região.

*Não pode existir uma cultura que
pretenda ser exclusiva.*

– Mahatma Gandhi

A cidade de Nova York é um caldeirão de pessoas do mundo inteiro. Aprendi muito sobre tolerância morando lá. Ir ao encontro das pessoas exige grande esforço. Ao pegar um táxi em Nova York, sempre procuro saber o sobrenome do motorista olhando de um modo discreto sua licença exposta no painel. Descobri que, se termina em Singh, a pessoa pode fazer parte da religião *sikh*, e um de seus mestres pode ser o guru Nanak, um homem santo da Índia. Quando o taxista é muçulmano, pergunto sobre suas orações. Procure observar: quando você demonstra interesse pelo outro, o semblante deste se ilumina e passa a demonstrar satisfação. Você também se sentiria assim se fizesse parte de uma minoria e alguém o tratasse dessa maneira.

Quer seja o proprietário paquistanês de uma loja do seu bairro ou o garçom chinês do seu restaurante preferido, sempre que uma pessoa diferente de você cruzar seu caminho, compartilhe alguma coisa com ela. Todos são seres humanos, assim como você, e, se lhes der uma oportunidade, ficará surpreso ao descobrir como vocês são parecidos. Temos em comum os mesmos medos, os mesmos problemas com os filhos, as mesmas preocupações e inseguranças. Esta é a verdadeira essência da lição universal: nós somos um.

Prática: você não está só; veja Deus em cada pessoa

Um exercício que pode ser praticado no seu dia a dia é o de "estar presente". Por exemplo, num restaurante, no momento em que o garçom o atender, não olhe para ele apenas como alguém que o está servindo; olhe para ele da perspectiva da unidade. Quando falar com outra pessoa, olhe-a nos olhos; as janelas da alma podem revelar muita coisa sobre uma pessoa. Tome consciência de que, assim como você, essa pessoa está numa jornada semelhante à sua e pode ter alguns problemas muito semelhantes aos seus. Ela pode ter filhos e talvez tenha mãe e pai. Olhe para ela com empatia e pense: "Sou parte de Deus. Deus está em mim e também em você. Somos iguais!". É fácil amar alguém que conhecemos, mas, em geral, é difícil amar um desconhecido. Pouco facilita termos sido ensinados a ter medo de estranhos. No entanto, termos consciência da divindade do outro é a prática mais intensa que podemos apreender. Na Índia, por exemplo, a saudação namastê significa "eu me curvo ao divino em você", ou, ainda, "o deus que está em mim saúda o deus que está em ti".

Para sermos tolerantes, não é necessário adotar ou concordar com as crenças do outro; apenas é importante não ultrapassarmos os limites uns dos outros. Precisamos convir que todos têm direito às próprias ideias e opiniões, e estas podem muito bem ser diferentes das suas. Demonstramos respeito pelos outros quando estamos dispostos a ouvir sem julgar. Acolhemos a paz sempre que nos interessamos de fato por aprender o que outras culturas ou outros costumes têm a nos ensinar. Guerra, conflito, violência e competição quase sempre decorrem da falta de entendimento de que, se a outra pessoa ou o outro lado não progredir, você não progredirá.

Você não é o que sabe

Muitas pessoas sustentam a teoria de que há uma única verdade – a verdade em que acreditam. Na realidade, são muitos os níveis de compreensão de uma verdade; o nosso entendimento muda de acordo com o contexto, a capacidade, a consciência e até mesmo os meios que estão disponíveis numa determinada cultura ou numa certa época. Você olha para suas mãos e as vê vazias, mas um microscópio revelaria a presença de bactérias e de outros micro-organismos. Por exemplo, um resultado de se obter mais conscientização é o hábito que todos adquiram hoje [por causa da pandemia] de lavar as mãos.

Ao buscar a verdade, uma atitude de abertura é mais importante do que a exatidão. Alguns grupos acreditam ter domínio sobre a verdade absoluta, ao passo que outros aceitam qualquer verdade sem questionar. Todavia, uma verdade só é provável se pode ser contestada. Todos nós, em nossa maioria quase absoluta, fomos "autodomesticados". Para sobreviver, adaptamos nossas crenças e nossos comportamentos a um determinado grupo ou a um ambiente. Desde a infância, aprendemos a aceitar a autoridade de alguns adultos e suas ideias sem questioná-las. Assim, mesmo quando não concordamos, tendemos a nos calar para evitar confrontos ou, pior, correr o risco de perder a aprovação dos nossos pares.

Precisamos ter coragem de ir além da história que nos contaram. Outras pessoas podem ter uma perspectiva de vida que ainda desconhecemos.

Minha querida amiga e, no passado, mentora, a escritora porto-riquenha Muñeca Geigel, hoje no céu, certa vez me contou uma interessante história sobre a capacidade de questionar a verdade. Reproduzo esta história a seguir.

Quanto sua mente pode conter?

Em tempos remotos, uma família passava a receita de lombo assado de uma geração para outra. A receita especificava que se devia cortar cinco centímetros da ponta do lombo antes de temperá-lo. Por muitas gerações, essa família seguiu à risca essa instrução para preservar o sabor desse prato. Então, um dia, uma jovem da família, muito curiosa, perguntou por que era preciso cortar cinco centímetros do lombo, pois não entendia como isso podia afetar o resultado final. Ninguém sabia a resposta até que uma tia-avó explicou que, quando a receita foi escrita pela primeira vez, o lombo era muito longo para a assadeira que a avó tinha, por isso ela precisou retirar cinco centímetros para que coubesse na assadeira.

Essa história mostra que, muitas vezes, fazemos as coisas por costume ou hábito. Não nos damos conta de que a nossa "assadeira", neste caso, a nossa mente, continua do mesmo tamanho ao longo dos anos. É raro pararmos para nos perguntar por que fazemos as coisas como fazemos. Caso contrário, de que outra modo o Holocausto, a Inquisição, a Escravidão ou os desprezíveis crimes religiosos e de guerra poderiam ter acontecido? As origens desses crimes quase não foram questionadas na época em que ocorreram, e ainda hoje o mesmo tipo de atrocidade continua a ocorrer em diferentes partes do mundo. A razão pela qual continuam a acontecer casos assim deriva do fato de que a maioria das pessoas tem medo de questionar por que as coisas acontecem, mesmo quando identificam que algo está errado. As pessoas seguem falsos líderes ou uma ideologia destrutiva sem questionar a razão.

Precisamos acreditar em nós mesmos e não ter medo de questionar e elevar nossa voz quando a situação exige que façamos isso. Não devemos hesitar em expressar nossas opiniões e questionar quando algo não faz sentido para nós; não precisamos fazer isso com agressividade, mas com assertividade e determinação. Não devemos evitar conflitos para sermos aceitos ou porque temermos estar errados ou envergonhados. Não devemos ficar calados e evitar debates porque temermos a rejeição. Tudo isso abre a porta para todo tipo de injustiça impensável.

Muitos escritores sofrem porque se preocupam com a síndrome do impostor, pensando que tudo já foi dito antes, que não têm nada de importante a dizer e que não podem fazer a diferença. No entanto, todos os movimentos mais significativos do mundo foram iniciados por uma única pessoa que questionou uma crença que era aceita por todos. Pense em Jesus, Gandhi, Abraham Lincoln ou em Martin Luther King. Uma mulher simples, Rosa Parks, mudou a história ao se recusar a ceder um assento num ônibus reservado apenas para brancos, desafiando os costumes racistas da época. Ela não lutou, apenas tomou seu lugar de direito. Margaret Mead disse muito bem: "Nunca duvide de que um pequeno grupo de cidadãos conscientes e comprometidos possa mudar o mundo. Na verdade, essa é a única maneira de produzir mudanças". Não precisamos lutar; só precisamos ocupar nosso lugar de direito.

Quem você "pensa" que é?

Uma das lições mais valiosas que aprendi vem do Oriente: tenho uma mente, e a mente tem pensamentos, mas não sou meus pensamentos. Uma mente em harmonia com a consciência de Deus é uma mente ilimitada, um grande instrumento pelo qual você pode discernir, obter informações e criar coisas belas. É importante lembrar-se de que nem sempre é você quem fala dentro da sua mente. A mente tem pensamentos, mas o observador é o seu verdadeiro eu. Sua alma é o Eu autêntico, a testemunha fiel e, em essência, a parte imperturbável de você que está mais próxima de Deus.

Uma mente que não para de tagarelar, de dar opiniões e emitir julgamentos, e, muitas vezes, de fazer você duvidar de si mesmo, torna-se o que Santa Teresa de Ávila chamava de "a doida da casa". Essa voz interior é o eterno comentarista, sempre oferecendo opiniões sobre sua vida e a dos outros. Sua mente tem um arquivo de tudo o que acontece com você e usa as informações como um GPS pessoal para alertá-lo sobre erros anteriores e preveni-lo de possíveis perigos adiante. A tarefa da sua mente consiste em garantir sua sobrevivência, mantê-lo seguro e protegê-lo da dor.

A alma, inspirada por Deus, cria escolhas ilimitadas, enquanto a mente repete padrões. Nós "adormecemos" sempre que permitimos que a mente assuma nossa personalidade por meio de seus programas automáticos. Em vez de fazer escolhas conscientes, começamos a reagir. Alcançar a iluminação envolve distinguir a diferença entre estar acordado e estar dormindo. Estar acordado é lembrar-se de que seu verdadeiro ser está sempre observando de uma perspectiva imutável através das janelas do tempo. Ao contrário do que afirma a crença popular, você não tem controle total sobre os pensamentos que chegam à sua mente. Você só pode estar ciente deles. O segredo do estado de alerta é parar e observar os pensamentos antes de fazer uma escolha baseada neles. Os pensamentos podem vir à mente sem um convite, mas só você pode decidir se quer se tornar anfitrião deles.

Platão usou uma analogia comparando a mente aos pombos. Se você lançar algum alimento para os pombos num parque, eles se aproximarão de você e até pousarão em seus ombros. Se os ignorar, eles se afastarão. No entanto, se continuar a alimentá-los, eles continuarão por perto e atrairão muitos outros pombos. A mesma coisa acontece com seus pensamentos: se você alimentar os pensamentos negativos, sua mente receberá revoadas de pensamentos de igual ou maior intensidade. Por outro lado, se optar por ignorá-los e não os alimentar, eles acabarão deixando de incomodá-lo e irão embora.

Em alguns momentos do dia, pare e observe-se por um tempo. Pergunte-se: quais pensamentos nunca dão sossego à minha mente? Onde está o meu foco? Em que estou prestando atenção? Nossa mente faz distinções específicas com base em crenças e interesses individuais do momento que estamos vivendo. Por exemplo, uma mulher grávida observará outras mulheres grávidas em todos os lugares e verá bebês e tudo o que tem a ver com nascimento e trabalho de parto. Um arquiteto observará todos os detalhes arquitetônicos dos edifícios, um cabeleireiro irá prestar atenção em penteados e cores de cabelos, um estilista dirigirá seu olhar a todos os modelos de vestuário, e assim por diante.

Cada um de nós mantém conversas constantes na própria mente, e isso gera a impressão de grande atividade. Alguns se preocupam com a falta de dinheiro; outros se concentram em ganhá-lo. Muitos voltam seus pensamentos para a política; outros, ao mundo do entretenimento. Assim também, há quem concentre todas as suas energias na sexualidade, enquanto outros são obcecados pelos defeitos alheios. Algumas pessoas chegam a se comparar a seus vizinhos para se punir por seus fracassos ou para se gabar de seus sucessos. Um pensamento constante e repetitivo, acompanhado de intensa emoção, é a receita silenciosa para preparar o futuro.

A realidade que percebemos hoje pode ser resultado de pensamentos esquecidos que nossa mente ensaiou no passado.

Os pensamentos habituais são palavras silenciosas que precedem a criação, esteja você consciente deles ou não. Mas você não é responsável por todas as calamidades ao seu redor. É um mito pensar que você é o criador absoluto de tudo – nem sempre é culpa sua quando acontece algo que você temia que acontecesse. Como seres humanos, também podemos prever alguns acontecimentos. Nem sempre um pensamento casual vai se tornar realidade. Pensar num elefante não faz um elefante se materializar em sua sala. Não obstante, tudo pode se tornar real em sua mente por meio de pensamentos persistentes, mesmo os subconscientes. Quando você pensa em algo, ainda que seja algo que não esteja acontecendo, o seu pensamento desperta todas as sensações, as conexões mentais e os alarmes pessoais como se fossem ocorrências reais. A mente cria a realidade por meio dos pensamentos que ela acredita serem verdadeiros, sobretudo aqueles que ensaiamos o tempo todo em nossa mente, que vêm acompanhados de emoções intensas. Os únicos pontos de referência para a mente estão no passado ou no futuro. Um pensamento cria um sentimento, e um sentimento cria uma ação ou uma inação. Por isso, pergunte-se: que tipo de pensamento atrai, em geral, minha atenção?

A identificação dos seus pensamentos mais constantes lhe fornece informações sobre suas crenças e sobre o que é importante para você. A consciência também lhe apresenta um mapa para que você entre em contato com suas possibilidades futuras. A fé pode operar de um modo ou de outro: podemos ter fé no resultado melhor ou no pior. Por isso, devemos ter cuidado com essa fórmula delicada para evitar profecias autorrealizáveis indesejadas. Não somos apenas observadores neste mundo; somos também participantes. Como a mecânica quântica já descobriu, o comportamento de uma partícula de luz se altera de acordo com o observador. Por isso, é vantajoso ser diligente e tratar de observar os pensamentos que você gera. Essa prática revela as ideias que prendem sua atenção. Depois de identificar um padrão de pensamento, mantenha apenas os pensamentos que são de fato do seu interesse. Resolva um problema recorrente, se necessário, e deixe de lado os pensamentos negativos.

Perguntas que você pode se fazer para identificar seus pensamentos:

- Você observa qualidades positivas nos outros?
- Você percebe sempre os próprios defeitos e também os dos outros?
- Em geral, você valoriza os outros pelas posses materiais que têm ou por suas qualidades mais sutis?
- Você fica remoendo e falando com frequência sobre catástrofes e problemas ou pensa em soluções melhores para si e para o nosso planeta?

As respostas a essas perguntas lhe darão informações excelentes sobre a condição dos seus processos de pensamento e sobre o seu estado de consciência. De acordo com a espiritualidade inaciana,[5] há dois estados de consciência: ou estamos em paz, ou em turbulência interior. Inácio de Loyola denomina esses dois estados de ser de consolação e desolação. Consolação não significa acalmar-se em decorrência de prazeres exteriores ou entretenimento, e a desolação pode acontecer mesmo quando estamos cercados por entes queridos. Não envolve apenas eliminar pensamentos, mas aprender a discerni-los. Alguns pesquisadores estimaram que temos cerca de 60 mil pensamentos por dia e que esses pensamentos costumam ser repetitivos, persistentes e, sobretudo, negativos; pior ainda, são inconscientes em sua essência.

Como você pode saber que está abrigando um pensamento subconsciente negativo? O modo como você se sente pode lhe servir de bússola. Se você não consegue determinar o motivo da sua inquietação, o responsável pode ser um pensamento negativo. Pergunte-se, então: estou num estado de consolação ou de desolação?

As pessoas que, por hábito, mantêm uma atitude negativa atraem pensamentos também negativos. Do mesmo modo, quem cultiva atitudes positivas atrai, em especial, pensamentos positivos. Apesar disso, mesmo uma pessoa positiva pode ter, às vezes, pensamentos negativos e deprimentes. Vivemos imersos em pensamentos, e a maioria deles nem faz parte de nós. Lembre-se de que só você tem o poder de acalentar um pensamento negativo ou de deixar que este se afaste por completo.

PRÁTICA: COMO DETER UM PENSAMENTO NEGATIVO

Dada, meu amado professor da Índia, costumava dizer que "um pensamento negativo é como uma chama de fogo em sua mão;

---

5   A espiritualidade inaciana é um sistema baseado nas experiências do teólogo Inácio de Loyola, que viveu no século XVI, fundador da ordem jesuíta. Esse sistema é constituído de uma série de exercícios espirituais para auxiliar a discernir a vontade de Deus.

quanto mais tempo você a deixar em contato com a pele, mais ela o queimará". A dor tem o propósito de alertá-lo: no momento em que sente o ardor da chama, você tem a opção de afastar a mão e, assim, não se queimar. Da mesma maneira, você tem a opção de observar um pensamento negativo, acompanhá-lo e não perdê-lo de vista até que ele saia pela porta da sua mente; apenas permita que ele se dissipe. Se você resistir, ele se tornará ainda mais persistente. A única maneira de enfrentar um pensamento negativo é aceitá-lo – sem lutar ou resistir – e, então, observá-lo de uma posição neutra e esperar até que, por fim, ele se desfaça.

O ditado que afirma que "tudo acontece por uma razão, por um motivo" faz todo sentido; tudo o que acontece em nosso espectro de percepção revela algo sobre o nosso estado de espírito. Cada pessoa que você conhece, cada experiência que ocorre em seu ambiente e cada acontecimento que você testemunha, tudo tem uma mensagem. Nada é coincidência. Esteja alerta, tudo o que você percebe ao seu redor acontece para o seu próprio aprendizado.

Você mesmo chamou os emissários que batem à sua porta, e você nem sequer sabe disso[6].
– Al-Mutamar-Ibn Al Farsi

Você não é sua história

Depois de um acontecimento traumático ou de uma perda, é normal ter sentimentos de tristeza, pois esses sentimentos fazem parte de um processo de cura. No entanto, não é saudável você se definir o tempo todo pela sua história. Com frequência, ouvimos frases que associam a identificação das pessoas com sua história; por exemplo, "Lá vai a senhora Smith, cujo marido a trocou por outra mulher", ou "Esta é a senhora Roberts,

---

6 Al-Mutamar - Ibn Al Farsi (1118-1196), poeta sufi de Córdoba. Em *Los Emisarios*, coletânea de poemas de Alvaro Mutis.

viúva há vinte anos", ou "O senhor Williams, cuja empresa faliu durante a crise". Descrições como essas são a consequência de contar e repetir a história sempre para quem quiser ouvir. Ao se identificar com a sua história, você cria uma emoção correspondente a ela, e isso faz com que ela se torne real mais uma vez, mesmo que apenas em sua mente.

Tristeza e sofrimento não são sinônimos. Tristeza é a consequência natural de uma perda, e o sofrimento é o resultado de não aceitar, não ceder e não perdoar. Sofremos por causa da nossa necessidade de controlar um resultado indesejado específico, recusando-nos a permitir o fluxo natural dos acontecimentos. O evento indesejado torna-se, de certo modo, uma cicatriz que nos mantém em contato com o passado em giro contínuo, como um disco quebrado. Quando estamos no presente – o aqui e agora, vivendo sem resistência –, não sofremos. A causa do sofrimento nunca é o acontecimento, mas a interpretação do acontecimento. Perdemos a perspectiva quando os fatos são contaminados por sentimentos de frustração, culpa e mágoa.

É inevitável sentirmos tristeza e solidão quando perdemos um ente querido, e o luto é um processo natural, que não podemos acelerar. Porém, continuar a sofrer de modo permanente revela que não estamos dispostos a aceitar que era hora de o nosso amigo ou parente voltar para casa. Tudo na vida passa: vergonha, tristeza, felicidade e a própria vida. De um modo inevitável, a vida continua seu curso, e qualquer tentativa de manipulá-la ou controlá-la revela-se inútil. Não podemos mudar o passado, mas podemos mudar a história que contamos a nós mesmos sobre o passado.

Prática: como romper um ciclo negativo

Uma onda de azar começa com seus pensamentos negativos alimentando-se de si mesmos. Um único pensamento pode elevá-lo às portas do céu, criando um mundo de beleza e felicidade.

Do mesmo modo, um pensamento obsessivo e repetitivo pode mergulhá-lo nas profundezas do inferno, criando uma vida miserável. Como expliquei, os pensamentos, em sua maioria, são inconscientes, o que significa que você não está ciente deles. A menos que você faça uma escolha consciente de detê-los e observá-los, eles podem passar como um mal-estar inexplicável em seu corpo.

Para saber se seus pensamentos são de fato prejudiciais, apenas pare e, por um instante, preste atenção no que você está sentindo e identifique onde esse sentimento se manifesta. As emoções são energias em movimento, e um "sentimento negativo" é um sistema de alarme. Analise todo o seu corpo, parte por parte, e tente identificar se está sentindo medo, dor, ressentimento ou frustração. Se sentir alguma inquietude, perceba se essa sensação indica a presença de um pensamento negativo que esteja produzindo sensações desconfortáveis em seu corpo. Em geral, nosso sofrimento não tem relação com o que aconteceu; é consequência da nossa percepção do que aconteceu.

Primeira etapa: percepção

Várias vezes ao dia, reserve um momento para examinar todo o seu ser. Pergunte-se o que está sentindo e onde. Talvez você possa dizer: "Estou sentindo raiva, desconforto e mal-estar; sinto isso no estômago". Observe seus pensamentos e identifique o que estão lhe dizendo. Você pode substituir qualquer pensamento negativo por uma afirmação, em silêncio ou em voz alta. Se você está pensando: "Esta crise está levando meu negócio à falência", é possível que sinta medo e talvez alguma pressão no peito. A princípio, permita-se sentir o medo; você não precisa ter medo do medo. Valorize o seu sentimento, que pode ser um alerta de cautela. Talvez você precise de mais informações para se preparar para uma mudança iminente. Seja qual for o motivo, podemos superar o medo agindo com um propósito. Apenas observe e sinta o medo sem resistir. Lembre-se de que não é você quem pensa ou sente; você é quem está ciente dos pensamentos e sentimentos. Sentimentos e ideias podem mudar, enquanto seu Eu interior permanece imutável, sejam quais forem as circunstâncias externas.

Segunda etapa: vontade

Com tranquilidade, substitua o pensamento negativo por um pensamento positivo e diga em voz alta: "Sou naturalmente próspero. O que preciso sempre me chega de maneira milagrosa". Se não se sentir melhor de imediato, não se decepcione. As formas-pensamento não se tornam automáticas da noite para o dia e, às vezes, podem levar algum tempo para ser eliminadas. Seja paciente e apenas deixe as coisas fluírem. Mantenha-se firme em sua vontade e substitua o pensamento negativo persistente por um pensamento de abundância.

Terceira etapa: ação consciente

Esteja presente, agora, nas tarefas que tem pela frente, e realize pequenas ações com amor e gratidão; no final, isso é tudo que importa. A ação e o movimento conscientes neutralizam o pensamento negativo de imediato. Tarefas tão simples como passar roupa ou lavar a louça podem se transformar em verdadeiras sessões de meditação quando executadas com dignidade, presença e propósito. Acabei de ler a respeito de um empreendedor famoso que lava a louça todas as noites para relaxar.

Na maioria das vezes, não percebemos que nos sentimos mal. Nós achamos que esse estado mental negativo é normal e nos acostumamos com ele, criando um hábito. Às vezes, sem perceber, passamos o dia franzindo a testa, parecendo tristes, irritados ou com o semblante rígido como se fosse uma pedra. A causa mais provável disso é um pensamento negativo, que pode lhe proporcionar tanta dor quanto um ataque verbal ou uma agressão de outra pessoa. Muitas vezes, nosso pior inimigo está dentro da nossa cabeça. Quando prestamos atenção na qualidade dos nossos pensamentos, de nossas palavras e ações, estamos amando a nós mesmos

Experiências traumáticas, como uma perda recente, desequilíbrios químicos ou hormonais e outros distúrbios, afetam a nossa mente. Não se culpe – sentimentos de desesperança não são causados por você. Se você sentir em algum momento que seus pensamentos negativos o estão sobrecarregando e perturbando sua vida normal, não hesite em procurar ajuda profissional.

A busca do equilíbrio

Existem muitas técnicas de pensamento positivo que não levam em consideração os ritmos e os ciclos da vida. Há pessoas que desejam viver em constante estado de êxtase, como ter um negócio que só produz lucros, viver uma vida estimulante sem fim ou ter um relacionamento amoroso com paixão eterna. Quando as coisas não acontecem do jeito que esperam, elas acreditam que sua vida é um fracasso. Não obstante, isso é uma mentira. A natureza não funciona desse modo. Uma planta não pode dar frutos para sempre, nem conseguimos fazer uma rosa florescer fora de época. Se pudéssemos fazer isso, talvez não apreciássemos as flores. Podemos sempre sentir alegria aceitando as mudanças naturais da vida, perdoando a nós mesmos e ficando em paz, sem levar em conta o tempo e as estações, pois tudo no mundo muda o tempo todo. Épocas felizes e afortunadas também passam, deixando espaço para novos momentos e novas experiências.

É muito bom reviver boas lembranças, às vezes. Contudo, se sua atenção se fixar apenas nos velhos tempos, se você venerar as glórias e os triunfos desvanecidos do passado, perderá o momento presente. O tempo presente é a soma de todos os momentos vividos – tanto os positivos como os negativos. Às vezes, não nos damos conta de que os momentos comuns de hoje são os "bons velhos tempos" de amanhã. Seja qual for a situação indesejável que você possa estar vivendo em determinado momento, tenha certeza absoluta de que ela também passará. Um inverno não dura para sempre, a menos que se viva nas geleiras. Se você vive congelado em seu passado, sem flexibilidade nem mudanças, com certeza sentirá falta das flores durante a primavera.

Mesmo que sejamos fortes e estáveis como as árvores, ainda assim teremos ciclos em que tudo parecerá desmoronar. O vento frio causa a queda das folhas no outono; as árvores fazem isso consigo mesmas para poupar energia. Em momentos de dificuldades, também podemos encontrar maneiras de simplificar nossa vida, desfazendo-nos de nossos apegos e abrindo espaço para o novo. A árvore não sofre nem reclama por perder as folhas, pois, no fundo, sabe que esse é um processo de sobrevivência necessário que a prepara para receber novas folhas. Não há momentos negativos nem positivos. O inverno não é negativo, é apenas um momento que vem e que vai, seguindo o ritmo dos ciclos.

Felicidade: é um sentimento incomum e temporário que só se manifesta quando as coisas acontecem do jeito que almejamos.

Frustração: é uma sensação frequente e persistente que temos quando não aceitamos o fato de que as coisas nem sempre acontecem do nosso jeito.

Realização: é um estado natural e permanente que desfrutamos quando de fato aceitamos o que somos.

Sentir paz interior é manter-se calmo no meio de uma tempestade; é não se deixar perturbar por condições externas. É viver com a total certeza de que Deus está sempre no controle, sejam quais forem as aparências e o resultado. A paz interior só pode ser alcançada por meio de uma conexão pessoal com a Divindade.

Você não é suas emoções

As emoções são a nossa bússola. Elas indicam que há um conflito entre suas crenças e seu coração relativo a uma questão importante da sua vida. As emoções podem ser benéficas, podem levá-lo a uma reflexão oportuna e, em alguns casos, podem impulsioná-lo à ação necessária. No entanto, não precisamos nos identificar com cada emoção que sentimos, pois, como as nuvens, elas estão sempre passando. As emoções fazem parte do nosso equipamento de mergulho terrestre, responsável pela nossa sobrevivência. Com a participação dos sentimentos e das sensações, elas nos mostram onde estamos em relação às nossas crenças. Por exemplo, se a sua crença básica é de que "não há o suficiente", o medo ou a raiva emitirão sinais de alarme sempre que você perceber uma ameaça às suas finanças ou à sua segurança.

Numa pessoa que tem essa mesma crença, até algo tão simples como um pequeno aumento no preço da gasolina pode deflagrar um episódio de violência. Uma crença é uma conclusão a que se chega depois de uma experiência intensa ou uma sugestão. Como um mantra, um pensamento repetido por bastante tempo também pode se transformar numa impressão permanente. Por exemplo, "dinheiro não cresce em árvore". Um sistema de crenças é individual, mas também pode ser adotado por grupos políticos, grupos étnicos, países e até mesmo religiões.

Sempre assumimos que nossos sentimentos são precisos; no entanto, devemos estar cientes de que nem sempre nossas emoções são guiadas pela intuição. Medo ou crença errônea também podem afetar o nosso humor. Se não passar pelo crivo da razão e da alma, uma forte emoção pode levar a más escolhas. Um entusiasmo exaltado, por exemplo, pode resultar num mau negócio ou pode até mesmo levá-lo a assumir compromissos que, na verdade, você não deseja. Uma emoção descontrolada pode destruir uma amizade ou prejudicar tanto você como outras pessoas. Uma decisão desesperada tomada sob a influência de uma emoção passageira – que com certeza teria se dissipado pela manhã – pode criar uma situação infeliz. As emoções passam, mas algumas ações são irreversíveis. Por isso, seja medo ou entusiasmo, é aconselhável adiar qualquer decisão até que a emoção intensa amenize, a menos que se trate de uma emergência.

Meu mestre Dada costumava dizer que devemos ter cuidado com as palavras que usamos ao sentir uma emoção forte, pois palavras ditas não voltam. É o mesmo que acontece com o creme dental: depois de pressioná-lo para sair, é impossível reintroduzi-lo no tubo. Apesar disso, porém, devemos nos permitir sentir nossas emoções de maneira saudável, sem julgá-las, negá-las ou evitá-las. Todas as emoções precisam ser sentidas de modo pleno, mas responsável, seja derramando lágrimas, rindo ou expressando raiva. A única maneira de liberar uma emoção do seu sistema é vivê-la em sua plenitude. Emoções reprimidas, ocultas em algum lugar em nosso corpo, podem causar problemas no futuro, explodindo quando menos esperamos. Também é essencial que, desde cedo, permitamos que as crianças expressem suas emoções com segurança e de maneira saudável, pois evitar o choro ou a raiva acabará por trazer consequências negativas. Ser mais forte não significa necessariamente não chorar.

Você já observou como as crianças processam suas emoções com naturalidade? Instantes depois de fazer um escândalo, gritar, bater pés e tudo o mais, elas deixam essa emoção de lado e continuam rindo como se nada tivesse acontecido. Por outro lado, os pais (como bons adultos) ficam imersos em suas próprias "birras" por horas, às vezes, até anos! As crianças têm uma capacidade natural de processar emoções sem resistência ou julgamento. Sabem olhar o presente com novos olhos e sem ressentimentos. Mudar o seu comportamento pode afetar suas emoções e vice-versa. O segredo é estar alerta e praticar um modo mais positivo de viver para seu próprio benefício. Hoje, escolha novos pensamentos e exercite-se com alegria e um grande sorriso, com um andar aprumado e com a cabeça erguida. Aja dessa maneira, e suas emoções acabarão seguindo o exemplo do seu corpo.

Prática: o que evitar ao sentir uma emoção forte

Sempre que sentir uma emoção forte surgindo, como uma explosão de raiva, por exemplo, imagine que você está embriagado e, assim, incapaz de dirigir e impossibilitado de tomar decisões corretas. Nesse estado de "bêbado" de raiva, espere até a manhã seguinte à forte emoção, quando poderá usar seu intelecto para recompor-se e avaliar a situação. Antes de tomar uma decisão, dê-se um tempo e tome um café com Deus. As emoções descontroladas obscurecem toda a nossa objetividade e nos impedem de ver as coisas como de fato são, levando-nos a comportamentos indesejáveis. As emoções vêm e vão. Se você as observar sem fazer julgamentos e as sentir de modo pleno, elas se dissiparão. Do contrário, controlarão a sua vida.

É fundamental lembrar-se de que as emoções são mensageiras que anunciam a presença de algum conflito entre mente, coração e alma. Elas exigem toda a sua atenção para que você possa reagir de modo adequado.

O Yogue e o imperador

Ouvi muitas vezes esta história do meu querido professor Dada.

Durante uma viagem pela Índia, o imperador Alexandre, o Grande, procurou um sábio yogue que poderia levá-lo à Grécia. Ao encontrá-lo meditando na floresta, o imperador ordenou com toda a sua autoridade:

— Venha comigo para a Grécia!

O yogue continuou meditando, sem esboçar movimento algum. Vendo que o sábio não dava nenhum sinal de interesse nem de obediência, Alexandre, indignado, encolerizou-se. Era a primeira vez que alguém ousava ignorar, questionar ou rejeitar suas ordens.

Então, ele desembainhou a espada e ameaçou o yogue de morte.

— Não sabes que posso decapitar-te por desobedecer às minhas ordens? – ele disse. Enfurecido, prosseguiu: — Eu sou Alexandre, o Grande, imperador e conquistador do mundo!

Com toda a calma e com a mesma atitude de sabedoria demonstrada até aquele momento, o yogue respondeu:

— Tu te proclamas conquistador do mundo, mas tenho para mim que és apenas escravo do meu escravo.

— Como pode ser isso? — perguntou Alexandre, furioso, perplexo diante de tal resposta.

O yogue então explicou:

— Eu dominei a raiva. A raiva é minha escrava. Tu acabas de perder o controle da raiva. Neste momento, tu te tornaste um escravo da minha escrava, quer dizer, um escravo da raiva.

Lembre-se de que tudo o que você pensa, sente ou vivencia é transitório, como a névoa num vale. O vale pode ser envolvido pela névoa, pela chuva ou pelo vento, mas ele não é nenhuma dessas condições climáticas. Do mesmo modo, talvez você passe por muitos momentos de lágrimas, raiva e dor, mas você não é nenhuma dessas sensações. Não se identifique com a escuridão. Deixe a luz do sol brilhar sobre você. Passado o mau tempo, você verá que o vale continua sendo um vale e que você continua sendo você.

Todos nós somos uma obra em andamento; no entanto, muitos adiam a vida porque estão sempre "trabalhando sobre si mesmos". Resolver conflitos internos não é "ficar purificando" emoções passadas o tempo inteiro. Não é saudável abrir a lixeira o tempo todo. Em vez disso, observe a si mesmo, sabendo que desenterrar o seu passado de modo indiscriminado pode contaminar o seu presente.

Há um tempo e um processo para tudo. Não espere viver a vida que merece até "resolver tudo o que precisa ser resolvido". Se acha que não consegue lidar com seus pensamentos, suas emoções ou com o seu corpo, procure ajuda. Caso se surpreenda reagindo de um modo desequilibrado ou pensando em deixar de viver, procure auxílio profissional sem demora. As condições físicas podem dificultar a relação com as emoções – por exemplo, um desequilíbrio químico, ou um desequilíbrio na glicose, ou alergias e intolerâncias a alguns alimentos, ou até mesmo uma tireoide descontrolada, pode afetar o nosso comportamento. Esforce-se para descobrir a causa do problema, com um compromisso verdadeiro de deixar o passado para trás e criar um novo futuro.

PRÁTICA: COMO REVERTER UMA CRENÇA NEGATIVA

Para se livrar de uma emoção negativa, faça um esforço para identificar sua causa. Para mudar a crença ou o pensamento que causa sofrimento, em geral, é preciso lidar com o comportamento que causa o conflito. Crenças falsas podem impedi-lo de enxergar a verdade. Relaciono a seguir algumas crenças falsas mais comuns.

Não sou bom o suficiente. Se você sofre por estar num relacionamento abusivo, primeiro, procure identificar a crença subjacente; por exemplo, "Não sou bom o suficiente". Em seguida, para transformar essa emoção, você terá de modificar também sua ação. Nesse caso, deve pedir ajuda ou terminar o relacionamento, pois esse relacionamento (a ação) está em conflito com a sua integridade e com o que a sua alma sabe ser o seu bem maior. Seu diálogo interno sobre essa situação o manterá refém, informando de um modo enganoso que "tudo isso é culpa minha" ou "eu não sou digno o suficiente para merecer um relacionamento romântico honesto e amoroso". Enquanto você continuar nesse relacionamento (a ação), a culpa (a emoção) continuará a

QUEM SOU EU?

alertá-lo para o fato de que você não está vivendo em integridade com seu Eu (sua alma). Todo o processamento de emoções não servirá para nada enquanto não se resolver o conflito. A emoção se repetirá até que você esteja seguro. Nesse caso, a emoção não é apenas uma bandeira vermelha, mas também uma bênção. As emoções são o seu melhor sistema de alerta.

Não consigo viver sozinho. Nessa situação, você com certeza agirá de maneira possessiva em relação ao seu parceiro(a) (a ação) e sentirá medo de perder essa pessoa. Você verá perigo toda vez que o parceiro(a) olhar para o outro lado mesmo de modo inocente. A menos que você elimine essa crença (perceba que sua felicidade não depende de outras pessoas) e reconheça que não pode controlar os outros (que é outra crença), você continuará sendo ciumento, possessivo e viverá com medo de sofrer uma perda: uma fórmula perfeita para o sofrimento. Se decidir mudar suas crenças, e agir com determinação, você poderá desfrutar o relacionamento livre de apegos.

Não há o suficiente. Se você vive o tempo todo com medo de perder seu dinheiro (medo é a emoção), pode substituir a crença – "não há o suficiente", "não mereço", "não consigo", "há uma crise" – por um novo modo de ver as coisas – "o mundo é abundante", "eu mereço", "tenho um propósito", "Deus é minha abundância". Do contrário, o medo contaminará seu subconsciente e todas as suas ações e sempre definirá as escolhas que você fizer.

A natureza de seus pensamentos e de suas emoções afetará a integridade das suas ações e reações. Algumas emoções provêm de crenças inconscientes, sem base aparente, ao passo que outras têm uma origem clara, possível de perceber. Você não precisa identificar cada emoção para ser feliz, mas, ao percebê-las, você se conhecerá melhor. A terapia é um excelente recurso, que ajuda a revelar crenças ocultas. O importante é identificar essas crenças e saber que as emoções nos alertam para um conflito interior mais profundo.

Dissipando nossas sombras

Todos nós nascemos com aptidões, mas também com predisposições a emoções negativas. Alguns definem essas predisposições pessoais como sombras que nos acompanham, mas eu prefiro chamá-las de "defeitos de fabricação". Não sabemos ao certo se procedem de algum passado distante ou próximo ou se são apenas produto de uma lição que viemos aprender. Você pode ter uma inclinação ou muitas tendências a ter emoções sombrias ou pensamentos negativos. Às vezes, essas sombras nos acompanham durante toda a nossa vida. Você sabe do que estou falando; é dessa disposição emocional a um pensamento sombrio; desse botão que, quando pressionado, reaviva em nós uma dor e nos impele a reagir de modo descontrolado. Para alguns, é a falta de amor-próprio e a baixa autoestima; para outros, é a insegurança de nunca se sentir bom o suficiente; para outros, ainda, é a solidão, mesmo que vivam acompanhados. O denominador comum a todos é o medo.

Esses pensamentos se disfarçam de amigos, sussurrando o tempo todo em nosso ouvido. O segredo para superá-los é tomar consciência deles e, em seguida, ignorá-los. Lembre-se de que são apenas sombras. Quando você os entrega a Deus e os vê pela luz da sua conexão com Ele, todo o poder deles desaparece. Mesmo que voltem com a clareza da sua consciência, você pode, de imediato, anular todo o controle que possam ter sobre você.

A luz do amor sempre dissipa a sombra do medo.

Muitas são as técnicas para trabalhar com as emoções subconscientes do passado. No exercício a seguir, descrevo uma técnica que considero de grande proveito.

Prática: como processar uma emoção intensa

O recurso para processar uma emoção que surge no calor do momento, ou que se manifestou há pouco tempo, é permitir-se vivê-la em toda a sua força. Um modo de fazer isso é expressá-la no aspecto mental ou verbal, ou ainda escrever sobre ela em um diário. O importante é expressar seus pensamentos e sentimentos; em outras palavras, observe sua mente, identifique as crenças nela presentes e sinta com intensidade as sensações que a emoção produz em seu corpo. Deixe que as emoções se manifestem; tentar controlá-las apenas as fortalecerá.

Por exemplo, se o seu parceiro terminou o relacionamento, pratique este novo modo de ver, ou seja, que você não é suas emoções, nem sua mente, nem seu corpo, mas apenas a observadora que constata essa situação. Esta é uma distinção importante.

1. Mente. Em vez de dizer a si mesma "não sou boa o suficiente para ele", faça um esforço, pare por algum tempo e observe a si mesma e aos seus pensamentos do ponto de vista da testemunha. Em seguida, substitua o pensamento acima por "Eu não sou esse pensamento. Estou apenas observando que esse pensamento de que não sou boa o suficiente e de que não me considero atraente como sou, seja para o meu parceiro, seja para mim mesma, está apenas passando pela minha mente". Despertar significa refutar a mentira nociva com o que se opõe a ela: "Eu sou bonita, digna e filha maravilhosa de Deus!".

2. Emoção. Em vez de dizer a si mesma "estou triste", tente parar e observar a si mesma e às suas emoções do ponto de vista da testemunha. Substitua, então, o pensamento acima por este: "Eu não sou essa emoção. Apenas estou sentindo neste momento a emoção da tristeza que se manifesta em meu ser!".

3. Corpo. Em vez de dizer a si mesma "estou doente", pare e observe a si mesma e ao seu corpo do ponto de vista da testemunha. Depois de se observar, concentre-se neste pensamento: "Não sou essa doença. Estou apenas sentindo no meu corpo esse mal-estar passageiro!".

Outro exemplo: se alguém o traiu nos negócios, primeiro sinta de um modo vívido a emoção negativa, sem bloqueá-la, e, em seguida, imagine-se cercado por uma luz brilhante de amor e paz. Bendiga a situação, aceite-a sem julgamentos e agradeça não pelo que aconteceu, mas pelas lições aprendidas, pois você só conseguirá se restabelecer se aceitar e aprender com o que não pode ser desfeito. Sempre podemos decidir produzir diamantes com as pedras de carbono que a vida arremessa contra nós. Podemos acolher tudo o que acontece como parte do currículo para nosso aprendizado pessoal. Invoque a vontade de Deus, para que Ele resolva a situação. Depois, altere a direção da sua vida. O cristianismo emprega a palavra grega "metanoia" para descrever uma mudança de coração e de mente. Uma virada. Permita que o plano divino guie sua intuição em direção às ferramentas de que você precisará para restabelecer-se. Pode ser um livro, um sinal na natureza, uma mensagem ou alguma nova percepção relacionada à situação. Deixe que a questão se processe de modo natural, sem forçar ou perturbar a si mesmo. Tudo passa, e tudo tem sua razão de ser.

O segredo para alcançar o domínio sobre suas emoções envolve a capacidade de distinguir a verdade e a falsidade. Saiba que as emoções são involuntárias; apenas permita-se vivenciá-las a partir de um determinado nível de consciência, prestando atenção na mensagem que elas lhe trazem, e, em seguida, deixe que se dissipem.

Flexibilidade

Flexibilidade é a atitude a assumir quando nos deparamos com uma mudança indesejada. Flexibilidade significa posicionar-se diante de uma situação nova e reagir de acordo com as circunstâncias. O voo foi cancelado? A casa que você queria foi vendida? Seu relacionamento acabou? Não culpe ninguém. Não resista. Não lamente. Apenas pratique a aceitação e seja paciente. Nada disso é sinônimo de resignação. Aceite o fato de que as coisas nem sempre acontecem do jeito que você espera. Tenha certeza de que, no final, tudo se resolverá para melhor.

A falta de flexibilidade também pode derivar de velhas crenças analisadas apenas de um modo superficial. Quando você se depara com uma mudança em sua vida, é proveitoso aprender com o rio. O rio não se detém diante de um obstáculo. O curso da água não se detém diante de uma grande pedra; não luta com ela. A música dos riachos borbulhantes nasce dos obstáculos em seu caminho. O rio ultrapassa as pedras, envolvendo-as e abraçando--as, continuando sua jornada ininterrupta até o mar.

Existe sempre outro caminho, um caminho alternativo. Se você estiver na estrada e chegar a um desvio inesperado e encontrar uma placa com a palavra PARE, detenha-se. Essa placa deve estar aí por algum motivo. Respire e relaxe. É bem provável que mudar de rumo seja a melhor alternativa, mesmo que você não entenda o significado do aviso no momento. Se optar por continuar a viagem, ignorando os sinais, você corre o risco de cair num precipício, que, antes, foi sinalizado por aquela simples placa lá colocada.

O que é mais flexível, um frágil bambu ou um resistente carvalho? Segundo um provérbio chinês, o frágil bambu (quanto mais forte o vento, mais ele verga) é mais resistente aos furacões do que o sólido carvalho (cuja rigidez o faz rachar). O poder verdadeiro não está na força, mas na flexibilidade.

Como superar o sofrimento

Observar a si mesmo é um bom começo, pois você também é responsável pelos acontecimentos que ocorrem na sua vida. Você não controla os resultados, mas é, sem dúvida, responsável, o que significa que tem a capacidade de responder de modo consciente ao que você é, e não ao que devia ser. Um modo salutar de superar o sofrimento é tolerar o resultado de uma determinada situação e entregá-lo às mãos e à vontade de Deus. O verdadeiro segredo da liberdade consiste em só desejar o que Deus quer para você, ter preferências em vez de desejos e aceitar o momento presente como ele é. Apenas com essa atitude de aceitação é que a verdadeira mudança pode ocorrer.

Quando Howard Cutler perguntou ao Dalai Lama como ele havia se livrado do sentimento de remorso do passado, depois de pensar um pouco, ele respondeu: "Não me livrei dele. Ele ainda existe. Porém, embora esse sentimento ainda esteja aqui, não está associado a nenhuma sensação de peso ou de algo que me impeça de avançar".[7] E ele acrescentou: "Não seria útil para ninguém se eu permitisse que esse remorso me intimidasse, que fosse apenas uma fonte de desânimo e depressão sem nenhuma finalidade, ou que atrapalhasse meu modo de levar a vida dando o melhor de mim". Ele nos incentiva a não nos apegar ao passado, a parar de reviver, repensar e exagerar o tempo todo o que já aconteceu e, em vez disso, deixar que o passado cuide de si mesmo.

A força da responsabilidade está em atender às necessidades do momento presente, inclusive tomando todas as medidas necessárias para evitar a repetição de erros do passado. A superação do sofrimento acontece quando paramos de resistir às nossas experiências. A aceitação é um golpe mortal para o ego.

Deus, dai-me serenidade para aceitar o que não posso mudar, coragem para mudar o que posso e sabedoria para discernir a diferença.
– Reinhold Niebuhr

---

[7] Dalai Lama e Howard C. Cutler. *The Art of Happiness: A Handbook for Living*. Nova York: Riverhead Books, 2020, p. 160.

CAPÍTULO 2

Presença Interior, a essência do presente

A Presença Interior remete à nossa "pré-essência", a essência da alma que existia antes de nós e vive além do tempo. Estar preenchido com essa pré-essência faz parte de viver com plenitude o presente. Uma pessoa repleta da fragrância da Presença Interior é carismática e atrai outras pessoas sem nenhum esforço.

A natureza é a melhor professora da Presença Interior. Flores e pássaros apenas existem, eles não desejam ser outra coisa. Vivem despreocupados, sem pressa. Esse é o resultado de viver no presente.

Por outro lado, não viver no presente é uma das causas mais comuns de acidentes, problemas de comunicação, desentendimentos familiares, erros no trabalho e mal-entendidos. Estar presente é estar atento, consciente, desperto. Iluminação é a capacidade de saber quem você é e quem são os outros.

A romancista inglesa Rose Tremain diz que a vida não é um ensaio. A maioria de nós, no entanto, não vive no presente; vemos a vida como se fosse um ensaio, uma preparação incessante para aquele dia perfeito que imaginamos em nossa mente. Vivemos para o amanhã, orientando todos os nossos esforços para um dia imaginário ideal que acreditamos existir apenas em algum lugar no futuro. Inclusive reservamos o nosso melhor traje e talheres para uma "ocasião especial". Enquanto isso, perdemos o que acontece bem diante dos nossos olhos. O único momento real, no entanto, é agora.

Sentamo-nos à mesa da vida, mas, em vez de tomar a refeição servida, preferimos saborear as imagens do menu. O único antídoto para esse estado de espírito inconsciente é viver desfrutando o aqui e o agora com todos os nossos sentidos – viver com plenitude o presente, não importa o quão extraordinário, terrível ou monótono possa parecer. Estar aqui – agora – significa viver sem querer mudar o presente, sem julgar a nós mesmos ou aos outros, sem fazer comparações com tempos melhores, sem esperar o pior ou tentar controlar os resultados calculando com cuidado cada ação.

Quando nossa mente está "dormindo", o tempo escoa por nossos dedos sem deixar vestígios em nossa consciência. Viajamos do ponto A ao ponto B apenas para perceber que não temos nenhuma lembrança de como ou por que chegamos lá. É como chegar ao final do dia e não ter ideia do que aconteceu no café da manhã. Talvez, em vez de saborear uma xícara de café ou ouvir as novidades da escola do filho, estejamos muito ocupados devaneando sobre a vida de outras pessoas que parece perfeita nas redes sociais.

Então, um dia, nos damos conta de que estamos chegando aos 45 anos e percebemos que nunca paramos para nos perguntar: para onde estou indo? Acreditávamos, de um modo errôneo, que tínhamos todo o tempo do mundo, mas acabamos descobrindo, um pouco tarde demais, que a criança a quem não demos atenção no café da manhã tornou-se um jovem adulto e está para ingressar na faculdade. Ou percebemos que a nossa criança interior também cresceu, mas sem viver de modo consciente e sem realizar os próprios sonhos e propósitos. Então, nos perguntamos: como cheguei a este ponto da vida? O que aconteceu nesse meio-tempo?

Na etapa final da jornada, percebemos que perdemos a parada onde nossos sonhos nos esperavam. Com muita probabilidade, era o medo que nos dominava, fazendo com que nos preocupássemos com coisas imaginárias que, de todo modo, nunca aconteceram. Alguns sonhos não se realizaram porque mudamos de ideia; outros se dissiparam porque o medo e a dúvida nos paralisaram.

Na jornada da nossa vida, deixamos de apreciar a vista. Em vez de contemplar a paisagem, nos distraímos com o passado sempre visível no retrovisor. Mais cedo ou mais tarde, todos teremos de enfrentar o fato de que ninguém pode reverter o tempo.

A boa notícia é que nunca é tarde para despertar para o presente, e cada momento é uma nova oportunidade para recomeçar. Hoje, você pode tomar a decisão de fazer as pazes consigo mesmo, de deixar para trás o que nunca aconteceu e começar a viver o que se apresenta no momento. Então, não deixe sua vida à mercê do vento. Recupere o assento do piloto da sua vida; nunca é tarde demais para começar a viver no presente.

Podemos ser os arquitetos e construtores de nossa vida. Parafraseando o Eclesiastes, bem podemos dizer que há um tempo para tudo: *tempo para sonhar e divagar, tempo para refletir e planejar, tempo para organizar e coordenar, tempo para construir e tempo para admirar o que foi construído.* Contudo, precisamos sempre nos lembrar de que a vida é o que acontece enquanto fazemos todas essas coisas e o sonho se transforma em realidade.

Tudo está bem. Não lhe falta nada. A insatisfação é uma invenção do ego, cujo único propósito é afastá-lo do presente e tirar-lhe a paz. Não obstante, é também uma condição que nos possibilita continuar o nosso desenvolvimento.

Como é viver da perspectiva de sua Presença Interior? Estar presente é não pensar, é o que ocorre quando nascemos e, com naturalidade, também na velhice – quando a energia física diminui e, em consequência, deixamos de fazer e começamos a ser. Na velhice, retornamos a essa Presença Interior e o ciclo se fecha.

As pessoas, hoje, consideram a luta diária como seu estado normal de consciência; na realidade, porém, esse é um "estado alterado de consciência". A preocupação, a ansiedade e o estresse a que estamos tão acostumados é um estado de ser artificial. Nosso estado natural é a Presença Interior e o deleite da paz interior que ela propicia. É curioso que, quando vivenciamos essas centelhas fugazes da Presença Interior, paz e luz, acreditamos, embora seja um equívoco, ter alcançado um nível elevado estranho para nós. Quem nunca viveu um daqueles momentos inesquecíveis de unidade e descoberta, por exemplo, numa caminhada no meio da natureza? Esse estado de consciência em que reina a paz é o nosso estado natural, e deveríamos desfrutá-lo todos os dias.

Vivier na Presença é viver na presença de Deus, imbuído de devoção e testemunhando tudo como parte de Deus, sem se esquecer de si mesmo. Se permitirmos, Deus poderá expressar seu amor através de nós. Ter fé é saber que Deus sempre trabalha a favor do seu bem maior. Estar presente é integrar-se com o seu espírito, plenificar-se de vida e sentir a vibração da existência.

Seus olhos vão brilhar com uma luz especial, porque Presença é energia. Quando você não está presente ou consciente, sente-se vazio e ausente, como se não houvesse "ninguém em casa". Infelizmente, bilhões de pessoas que estão adormecidas habitam nosso planeta vivendo como robôs ou zumbis. Por outro lado, viver na Presença significa sentir o seu corpo enquanto executa a tarefa que lhe compete. Devemos aprender a viver com plenitude no momento presente, sem perder a consciência de si mesmo.

PRÁTICA: ESTAR DESPERTO

Várias vezes durante o dia reserve momentos para ficar consigo mesmo. Faça algumas respirações profundas. Faça uma expiração bem longa, soltando todas as tensões. Ative seus cinco sentidos. Qual é o cheiro do seu ambiente? Que cores você vê? Como estão suas mãos? Frias? Quentes? Você consegue sentir os dedos dos pés? É isso. Tudo muito simples. Cem por cento de Presença Interior garantida!

Viver na Presença de Deus significa acreditar que ele o protege e defende. Você só precisa aquietar-se e deixar que o seu poder e a sua bondade o amparem a cada momento.

A natureza é a melhor professora para nos ensinar a estar no momento presente. Assim, abra os ouvidos para o som das ondas, observe o voo dos pássaros, inale o perfume das flores, aprecie o sabor dos temperos e sinta a terra sob seus pés. A comunhão com a natureza é a melhor maneira de alcançar o estado de Presença Interior, de nos sentirmos em pleno contato com tudo o que nos rodeia.

O MAIOR TESOURO DO MUNDO: UM ENIGMA

A partir de hoje você pode optar por usufruir cada momento da sua existência, não permitindo que nem mais um segundo da sua vida se perca. Você pode abrir os olhos e viver esse momento que parece comum e imperfeito, mas que guarda o maior dos tesouros. Esse tesouro é insubstituível, único, original, o mais precioso de todos os diamantes da Terra. Tão inestimável quanto a própria vida, especial e singular; não oferece garantias, mas é sempre surpreendente; quase impossível de identificar, pois é extremamente minúsculo, simples, corriqueiro... quase imperceptível.

Você não poderia comprá-lo nem mesmo se tivesse todo o ouro do mundo. Se o perdesse, jamais o recuperaria. Se tentar pegá-lo, ele fugirá. É inimigo do tempo, mas amigo da eternidade. É inimigo dos que dormem, mas amigo dos que estão despertos. Às vezes, se mostra disfarçado de cansaço, tédio ou mal-estar; outras vezes, se esconde entre o bater das asas de uma borboleta e no sorriso de uma criança, entre o sabor de um doce de morango e na amargura de uma despedida, entre a brisa quente do verão e na chuva fria, entre os gemidos de um recém-nascido e nos lamentos de um idoso, entre o eco de uma gargalhada e na solidão de uma lágrima solitária.

Esse tesouro é o mais precioso dentre todos os presentes que Deus lhe deu, mas está escondido num lugar inusitado... repousa como uma pomba fugaz entre as suas mãos... escapa-lhe como a água por entre seus dedos... sempre. Depois de partir, nunca mais volta... e não pode ser substituído.

Às vezes, se tem saudades dele; às vezes, é esquecido. Esse tesouro é o mais valioso de todas as posses do Universo, mas pouquíssimas pessoas o reconhecem e um número ainda menor o aprecia no momento em que se revela.

Esse tesouro é... o Agora.

Conclusão

Se não sou meu corpo, nem meus pensamentos, nem a voz que fala em minha mente, nem minhas emoções, nem minhas crenças, então... quem sou eu, de verdade?

Você é aquele que observa, aquele que ouve. Você é um fragmento de Deus, um ser infinito sem tempo e sem idade.

Ao observar um pensamento, seus olhos espirituais atuam como raios de luz, dissipando toda a negatividade assim como o Sol dispersa a névoa. Isso não significa que nesse estado você esteja livre de pensamentos negativos, mas, sim, que está em paz, mesmo tendo consciência deles. Seus pensamentos atraem acontecimentos e situações negativas ou positivas, conforme as sementes que você plantou. Agora, porém, você tem a possibilidade de plantar uma nova semente de amor para o seu futuro, que germinará graças à sua vontade e à sua intenção. Você precisa acreditar nessa possibilidade e ter uma esperança inabalável na viabilidade de uma nova vida.

Para Deus, é suficiente apenas afirmar: "Estou disposto!". Então, ele o ajudará a ver as coisas de maneira diferente, lançando sua luz sobre todas as áreas da sua vida.

"Você não está sozinha. Deus está sempre com você" e comigo também.
– Dada J. P. Vaswani

PARTE II

PARA ONDE VOU?

PARA ONDE VOU

As sete áreas da vida

Antes de saber para onde ir, é importante você se perguntar: onde estou? Você pode saber a direção certa do lugar aonde quer chegar, mas, se não souber onde se encontra em relação a esse lugar, mesmo o mapa mais detalhado será de pouca serventia.

Nesta segunda parte, examinaremos o que chamo de "seu portfólio pessoal", que pode ser dividido em sete áreas específicas da vida. O primeiro passo para qualquer mudança significativa é ver e aceitar a sua realidade atual, seja ela qual for. Afinal, você não pode mudar o que não vê. Concluída essa etapa, você poderá criar uma nova visão e uma nova realidade com as ferramentas apresentadas neste livro. Nenhum grande esforço é necessário. Basta ler com calma estas páginas. Viva no presente e observe a si mesmo. Isso é tudo o que precisa fazer por enquanto.

Seu portfólio pessoal e a roda da vida

A ideia de fazer um portfólio surgiu durante uma reunião com um consultor financeiro. Durante a nossa conversa, ele me mostrou no PowerPoint a figura de um círculo dividido em vários triângulos de cores diferentes, como se fosse uma grande pizza fatiada.

Ele me orientou sobre o melhor modo de investir minha renda para obter melhores dividendos e avaliar cada área com a finalidade de evitar riscos. Mais tarde, ao rever seus conselhos, pensei que seria muito interessante implementar esse mesmo método na vida pessoal – avaliar cada área para garantir um investimento no que é realmente valioso e importante. É incrível a quantidade de tempo que despendemos para fazer uma boa compra ou um investimento financeiro, em comparação com a pouca atenção que dedicamos à nossa vida pessoal. Se não levarmos em consideração, de um modo cuidadoso, cada área de nossa vida, se não investirmos em cada uma dessas áreas e as avaliarmos de maneira consistente, correremos um sério risco de entrar em falência espiritual.

A falta de equilíbrio entre as diferentes áreas de nossa vida pode gerar o caos. Talvez você invista tempo e esforço demais em sua carreira e negligencie seus relacionamentos pessoais; talvez se concentre demais em suas finanças e se esqueça da sua saúde. Graças ao portfólio individual, você poderá analisar cada área e decidir quais mudanças precisam ser feitas para otimizar os benefícios.

Não existem fórmulas mágicas. Todo o esforço que você aplicar em qualquer área de sua vida reverterá em resultados favoráveis. Por outro lado, qualquer área negligenciada trará consequências negativas.

Prática: revisitando cada área da sua vida

Reserve um tempo para examinar cada área de sua vida exposta a seguir. Use seu diário ou um caderno que possa dividir em seções, uma para cada área. Em cada seção, faça uma lista dos seus valores para cada área correspondente, considerando sua ordem de prioridade neste momento. Seja honesto. Este não é um teste de caráter; é um exercício para ajudá-lo a compreender sua situação atual. Na mesma seção, ao lado da lista de valores, faça uma segunda lista, por ordem de esforço efetivo e de tempo que dedica a cada área. Não será surpresa se você descobrir que obtém melhores resultados nas áreas em que é mais organizado. Por outro lado, encontrará deficiências nas áreas às quais dá pouca atenção, mesmo que acredite que sejam sua prioridade moral. O objetivo é chegar a um equilíbrio.

CAPÍTULO 3
Seu corpo e sua saúde

O estado natural do corpo é a saúde, a harmonia total. Do mesmo modo, somos um canal limpo por onde passa a energia inteligente de Deus, criando nosso mundo; um transformador de energia que deve apenas permitir que as energias fluam. Quando esse transformador se deteriora em consequência de pensamentos, emoções, atitudes, abusos e maus hábitos, surgem interferências que provocam um bloqueio do fluxo energético natural, que, por sua vez, causa doenças. Assim como acontece no setor da energia e da eletricidade, flutuações no fluxo de tensão prejudicam os melhores equipamentos.

Não criamos nossas doenças, mas, com certeza, contribuímos para as condições que facilitam a desarmonia, uma palavra reveladora por si só. Nem sempre temos acesso a todo tipo de informação para entender os motivos ligados a uma doença ou a uma condição específica. De fato, como sugeriu de um modo brilhante o naturalista John Ray, muitas vezes, uma doença é "o imposto sobre o prazer".

Mesmo quando a causa da doença deriva dos excessos na alimentação, do estresse e da preocupação excessiva, não devemos sentir vergonha. Todos os seres humanos agem e reagem da melhor maneira que consideram possível. Às vezes, a doença funciona como uma chamada de emergência para nos levar de volta ao nosso estado original de bem-estar e harmonia. Quando a doença nos põe à prova, nossa primeira atitude deve ser de aceitação. Não podemos mudar o que não aceitamos (o que não significa resignação, que é desistir da vida). Em segundo lugar, precisamos nos permitir sentir e expressar nossa raiva e nossa tristeza. Assim como nos estágios do luto, também lamentamos a perda da saúde, a qual, em geral, consideramos permanente, pensando, de um modo equivocado, que a vitalidade durará para sempre. Precisamos reagir à doença com dignidade, "apropriando-nos" dela e evitando sentimentos de vitimização e vergonha e evitando agredir a nós mesmos ou culpar a Deus.

Todos nós somos um projeto perfeito

Deus preserva a nossa matriz original em sua memória universal; somos um plano perfeito elaborado por ele. Então, quando adoecemos, essa matriz transmite de imediato uma instrução divina para que o corpo volte ao seu estado original. O mesmo princípio se aplica a toda a natureza e ao Universo.

Se machucamos um dedo, logo desinfetamos o ferimento e percebemos como a inteligência divina atua regenerando todos os tecidos afetados. Esse sistema de autodiagnóstico e autocura também é conhecido como cura espontânea, como observa o doutor Andrew Weil em seu livro homônimo. No entanto, se começarmos a duvidar da nossa capacidade de cura, ou se continuarmos cutucando nossas feridas e interferindo em sua cicatrização, o processo se prolongará além do desejado. Um remédio excelente é não resistir. Tanto o corpo quanto a mente se beneficiam de um estado de relaxamento e se recuperam mais rápido.

SEU CORPO E SUA SAÚDE

A arte da medicina consiste em divertir o paciente enquanto a natureza cura a doença.

– Voltaire

A cura da causa

Com frequência, tratamos nossas doenças com métodos que lidam apenas com a superfície do problema. A verdadeira cura consiste em erradicar a causa e curar a alma. A maioria dos medicamentos e tratamentos fornece apenas alívio temporário dos sintomas. Como somos corpo, mente, emoções e espírito, a cura ocorre quando cuidamos de *todas* essas áreas de modo simultâneo. Doença é o nome que damos a um sintoma, dependendo de onde ele se manifesta em nosso corpo. A maioria dos médicos trata a doença combatendo os sintomas, o que não é suficiente. É preciso também trabalhar para erradicar as causas. E uma das principais causas subjacentes das doenças é o estresse, o qual afeta o sistema imunológico, a nossa primeira linha de defesa contra doenças.

Em outras palavras, o seu corpo tem a capacidade de usar a energia divina para curar a si mesmo. Essa energia salvadora, aliada à conexão com Deus, trabalha com seus plenos poderes quando você a invoca e pede a cura segundo a vontade divina. Só assim o milagre pode operar.

Quando ignoramos seus sinais, o corpo adoece

Se você não abastecer o tanque do carro quando o medidor de combustível indicar que a gasolina está baixando, seu veículo acabará parando. Seu corpo funciona da mesma maneira; se você ignorar seus sinais, ele deixará de funcionar como deveria. Detectada uma anomalia, a mente é a primeira a nos avisar, enviando centenas de pensamentos.

Quando ocorre uma desarmonia entre o corpo, a mente e a alma, uma batalha irrompe dentro de nós. A mente trabalha muito para criar harmonia; recebe a informação e envia uma mensagem à alma por meio das emoções: "Prepare-se; alguma coisa está errada!". Assim, a cura pode ter início. Emoções instáveis e mal-estar enviam o sinal de "vazio" dentro de nós. A ciência descobriu que as doenças não começam apenas no corpo físico.

Por exemplo, uma mulher vítima de abusos que vive um conflito interior intenso em seu relacionamento conjugal sabe em seu íntimo que precisa agir de acordo com a razão, que a orienta a abandonar essa situação intolerável. Por outro lado, as crenças que aprendeu em sua religião, por exemplo, podem lembrá-la do preceito de que o casamento é "até que a morte nos separe" e lhe passar a informação de que ela deve cuidar do marido acima de tudo. Como consequência, sua mente cria uma cadeia de pensamentos que irá transformar suas emoções (neste caso) em emoções destrutivas, como culpa, sofrimento, vergonha e raiva. Se não forem acompanhadas e auxiliadas, essas emoções podem se manifestar como sintomas físicos. O estresse resultante pode afetar o sistema imunológico dela e alterar sua química, enfraquecendo seu corpo. Se não tratamos as causas originais dessas emoções e dos pensamentos negativos, a vulnerabilidade preexistente pode se tornar crônica e se transformar em doenças.

A doença como ensinamento

As doenças podem ser congênitas, como um defeito físico, por exemplo. Todavia, mesmo na pior situação, é possível se sentir em paz. Deus não causa a doença, mas sempre tem um plano para a cura. É importante lembrar que as doenças não são castigos. Embora haja predisposições e maneiras aprendidas de viver, comer e reagir, estudos mostram que a genética não é um fator determinante no desenvolvimento de uma doença. Não herdamos uma condição existente na nossa família.[8] No entanto, uma crença equivocada, um medo irracional de desenvolver uma enfermidade ou maus hábitos adquiridos podem nos afetar de modo negativo. Assim, é importante entender que a doença não é um teste da nossa fé. Existem muitos fatores subjacentes às causas da doença, como estilo de vida e exposição ambiental, por exemplo. No entanto, se consultarmos a sabedoria de Deus, veremos que ele pode usar essa situação negativa para nos ajudar a crescer e desenvolver qualidades humanas superiores – como compaixão, misericórdia e empatia.

*Faça do alimento o seu remédio
e do remédio o seu alimento.*
– Hipócrates

O que aconteceria se colocássemos açúcar em vez de gasolina no tanque do nosso carro? Nós o danificaríamos. Por que, então, continuamos enchendo nosso corpo, que é uma máquina muito mais sofisticada, com álcool, drogas, açúcar, sal, produtos químicos e inúmeros poluentes? Os pensamentos e os sentimentos negativos que os acompanham também podem ser "alimentos" tóxicos. Todos os alimentos que damos aos nossos sentidos produzem efeitos, inclusive músicas, filmes e jogos repletos de mensagens negativas. É essencial alimentar nosso corpo, nossa mente, nossa alma e nosso espírito com alimentos saudáveis e imagens, emoções e pensamentos positivos.

---

8   Stephen M. Rappaport. 'Genetic Factors Are Not the Major Causes of Chronic Diseases', *Plos One* 11, no 4 (2016), https://doi.org/10.1371/journal.pone.0154387.

"Acredite no diagnóstico, não no prognóstico"[9]

Deepak Chopra explica essa afirmação muito bem. A medicina convencional precisa trabalhar em harmonia com as principais áreas médicas: a medicina espiritual e a natural. A cooperação entre essas práticas faz com que nosso corpo e nossa mente facilitem a ação da luz de Deus dentro de nós, eliminando, assim, a causa da doença.

Insisto com as pessoas para que façam exames regulares e, em caso de emergência, consultem um médico alopata, ou seja, convencional. Depois de controlada a crise, que procurem um médico holístico, além de um terapeuta, para identificar possíveis causas emocionais mais profundas. O ideal é que esses profissionais trabalhem em parceria em prol de sua boa saúde.

Não fortaleça a doença

Você pode curar sua vida, ou, ainda melhor, permitir que Deus a restabeleça, mas, para isso, deve dar sua parcela de ajuda ativa. Lembre-se de que você não é a doença; por isso, não se descreva em termos de doença. Evite frases como "sou viciado em..." ou "sou deprimido...".

O objetivo não é negar a doença. Aliás, o primeiro passo em direção à cura consiste em aceitá-la em sua totalidade. O passo seguinte é procurar ajuda. Fortalecer a doença não fará com que você se sinta melhor. Para superar uma condição de doença, precisamos redirecionar o foco da mente para o estado oposto da condição de saúde indesejada, fazendo, ao mesmo tempo, todo o possível para evitar os fatores de estresse e os gatilhos que podem interferir na recuperação.

Tenha cuidado ao dizer "eu sou", pois essa é uma declaração poderosa. Podemos declarar saúde e, da mesma maneira,

---

9 Citado por Deepak Chopra.

podemos declarar doença. A fé opera nos dois sentidos. Com as palavras "eu sou", você pode definir, criar e perpetuar condições positivas ou negativas – elas sempre funcionarão de modo independente de como você as usa. É importante não transformar a condição de estar doente num modo de vida. Para alguns, a doença pode se tornar garantia permanente de companheirismo, atenção e simpatia. Pessoas assim dão a impressão de não ter interesse em melhorar. Uma boa pergunta a fazer é esta: que benefício acreditamos obter ao perpetuar uma doença? Resistir à ajuda também é desaconselhável. Para quem sempre foi muito independente, a lição talvez seja deixar que outras pessoas ajudem.

A cura decorre da atitude de responder à vida de uma posição de poder e de observar nossas reações de modo objetivo. Sempre podemos escolher como reagir ao que acontece, mesmo quando não temos controle total sobre as circunstâncias ou o resultado. Sempre podemos escolher o amor em vez do medo e a esperança em vez do desespero. Se você concentra toda a sua atenção nas soluções e não nos problemas, logo recupera sua saúde. Lembre-se que a saúde é mais do que uma descrição corporal. É um bem-estar geral.

Mesmo que o corpo não responda, a verdadeira cura acontece quando Deus mora em nosso coração e cura de modo eficaz nossa alma, propiciando-nos paz incondicional, e isso independe do estado da nossa saúde física.

Sem dúvida, a paz interior é mais importante do que a saúde física, pois é ela que lhe permite enfrentar qualquer obstáculo ou enfermidade com otimismo.

Vença o medo da morte

Para viver uma vida plena, você precisa, primeiro, aceitar a morte. Para vencer o medo da morte, é necessário aprender a vê-la como parte do processo do ciclo natural da vida física, não como uma catástrofe.

Quando aceitamos a morte como um fato inevitável, mas natural, eliminamos o poder e o controle que ela exerce sobre nós. À medida que nos libertamos do medo da morte, começamos a viver cada momento com amor e gratidão. A melhor maneira de vencer esse medo é reverenciar a vida. Alcançamos essa liberdade vivendo no presente.

A pior morte é viver como se já tivéssemos partido enquanto ainda respiramos.

Quem não está preparado para morrer não está pronto para viver com plenitude. O remédio universal para qualquer doença, situação negativa ou problema é viver cada minuto com amor e paz total enquanto nos concentramos no melhor resultado possível, sejam quais forem as condições externas.

Tudo se concentra em adotar a mesma técnica usada por Jesus para ressuscitar Lázaro: primeiro, crer; depois, olhar para o alto, aceitar e dar graças, porque Deus já o escutou, e então invocar o poder e a vontade divina, deixando o resultado nas mãos de Deus, qualquer que seja. Na realidade, essa é a única maneira de receber um milagre. Um detalhe decisivo é que Jesus acreditava, de modo incondicional, que Deus sempre ouvia suas orações; ele agradecia a Deus antes mesmo de um milagre se realizar, dizendo: "Pai, dou-te graças porque me ouviste. Eu bem sei que sempre me ouves".[10]

---

10 João 11,41-42.

Uma maneira simples de cuidar do corpo

Nosso corpo é o templo do nosso espírito, por isso precisamos cuidar bem dele por meio de boas práticas e hábitos saudáveis. A energia é a moeda em nossa conta-poupança da vida. Se não a usarmos de modo correto, ela acabará muito rápido. Nossa energia é a carga vital de que nosso "equipamento de mergulho terrestre" precisa para funcionar em suas melhores condições.

Há muitas maneiras de recarregar e proteger o corpo, liberando-o da negatividade acumulada. Quero dividir com você algumas das minhas práticas favoritas. São métodos simples, baseados no bom senso, que realizam essa recarga:

1. **Deitar-se cedo.** O melhor sono e o verdadeiro descanso acontecem entre as dez da noite e as quatro da madrugada.
2. **Cochilar.** Feche os olhos e tire um breve cochilo à tarde ou sempre que necessário.
3. **Dançar.** A dança liberta a alma e aumenta a energia positiva.
4. **Ouvir.** Desfrute de música clássica e inspiradora.
5. **Respirar.** Respire de modo profundo e consciente. Encher os pulmões e exalar, esvaziando-os por completo, é uma das melhores e mais simples práticas. A inspiração diafragmática é uma técnica de inalação profunda muito mais eficaz do que a torácica; é a maneira mais natural e eficiente de respirar.
6. **Tocar-se.** Receber ou aplicar-se uma massagem.
7. **Meditar.** Praticar o silêncio e meditar todos os dias. A verdadeira meditação é um processo de esvaziamento da mente, uma preparação para Deus. Acalma os pensamentos, as emoções e o espírito enquanto você se afasta do mundo. Por outro lado,

a prática intencional da oração pacifica sua alma, tranquiliza sua mente e mantém seus níveis de energia estáveis. O resultado é a boa saúde constante.

O sono é o modo de descansar do corpo; o silêncio é a maneira de descansar da mente.

8. **Fazer amor.** Se você está em um relacionamento amoroso, fazer amor com seu parceiro(a) é bom e saudável. O ato amoroso libera dopamina e oxitocina, renovando as energias de ambos.
9. **Exercitar-se.** Descubra o esporte ou a atividade aos quais você se adapta. Yoga, tai chi chuan, chi kung ou qigong são algumas opções. Pratique natação ou tênis, por exemplo, ou apenas procure caminhar de modo consciente em meio à natureza.
10. **Desfrutar da natureza.** Tenha contato direto com a terra. Sabe-se que andar descalço num gramado ou na areia diminui a viscosidade do sangue e a pressão sanguínea. Sentar-se em meio à natureza promove a cura. Inspirar e absorver o azul do céu e o verde das árvores promove a cura. De vez em quando, abrace uma árvore.
11. **Beber água.** A água faz a diferença entre uma uva e uma passa. Imagine como ela atua em nossa pele!
12. **Nadar.** Nadar no mar ou tomar um banho de sal absorve toxinas. Um banho quente com ervas medicinais previamente fervidas limpa e energiza. A água compõe cerca de 90% do líquido do nosso sangue, 78% do nosso cérebro e 65% do nosso corpo. (Verifique, primeiro, com seu médico, pois mulheres grávidas precisam estar atentas aos efeitos de certos óleos e plantas. Consulte seu médico antes de iniciar qualquer nova dieta ou exercício.)

13. **Tomar sol.** Tomar banho de sol em horas de baixa intensidade aumenta nossa energia. Lembre-se de que a luz solar é uma das fontes de energia mais importantes, como o oxigênio e os alimentos. É também um ótimo antídoto para a depressão.

14. **Cultivar hábitos alimentares saudáveis.** O quanto possível, procure comer apenas proteínas e carboidratos naturais, não processados. Coma frutas e vegetais de todas as cores. Limite o consumo de carne, laticínios, açúcar, álcool e sal. O sal do Himalaia é uma alternativa melhor ao sal de mesa branco padrão.

15. **Livrar-se dos seus vícios.** Não podemos ser nós mesmos se formos escravos de qualquer tipo de vício, inclusive de nicotina e drogas recreativas. Procure ajuda e suporte, se necessário.

Uma dieta saudável

O ser humano pode sobreviver em qualquer ambiente e com uma grande variedade de alimentos. Ainda assim, nosso estilo de vida moderno nos afastou do que deveria ser nossa dieta natural e ideal. Bebemos e damos aos nossos bebês leite de outras espécies e comemos carne contaminada com produtos químicos e hormônios. Um grande número de problemas ecológicos e de saúde que estamos enfrentando decorre do desequilíbrio que criamos com o consumo desenfreado de carne. O ideal seria começar a assumir a responsabilidade pelo que comemos e também considerar, com a ajuda dos nossos médicos, a possibilidade de complementar nossa dieta com os minerais e nutrientes que os alimentos processados em geral não têm.

Se você come carne, procure verificar se o que consome é de origem orgânica e se tem o selo "Certified Humane" (Certificado de humanidade; "criação humana de animais").

Se for carne de gado, assegure-se de que os animais tenham sido alimentados com pastagem, não com hormônios e cereais indutores de crescimento, que se depositam em nosso corpo e prejudicam as crianças. Essas recomendações também se aplicam ao consumo de aves e produtos lácteos.

O modo como nos alimentamos continuará a mudar à medida que a nossa espécie evoluir para uma nutrição mais sutil e compassiva. Iniciativas como a denominada "da fazenda à mesa" estão aumentando, e acredito que uma dieta baseada sobretudo em vegetais acabará sendo nosso modo ideal de alimentação. Novas pesquisas descobriram que uma dieta baseada em vegetais ou com baixo teor de carne tem um impacto significativo na saúde e na longevidade.[11] No entanto, forçar-se a ser vegetariano quando ainda não está preparado para isso só fará com que você recaia na sua antiga dieta por puro desespero. Quando se sentir preparado, comece com mudanças graduais e com o auxílio do seu médico.

No meu caso, em geral sou vegetariana, embora às vezes eu coma peixes e aves. Se alguém me convida para ir a um país como a Colômbia, por exemplo, em que a culinária local inclui pratos de aves ou carnes vermelhas, como sua deliciosa bandeja paisa, eu não consigo resistir. Considero-me uma "flexitariana", alguém que se alimenta principalmente de vegetais, mas, às vezes, come carne. Fui vegetariana estrita por uma década, mas não me prendo mais a dietas rígidas. Prefiro ser livre a ser perfeita, e gosto de aproveitar a doçura da vida com moderação. Quando tenho uma indisposição ou sofro um mal-estar físico, costumo recorrer a frutas e vegetais crus. O jejum intermitente é bom para algumas pessoas; a literatura sobre esse assunto é vasta; nossos ancestrais religiosos jejuavam por alguma razão.

---

11 Leia mais sobre Dan Buettner e as Blue Zone Communities na página: https://www.bluezones.com.

Algumas pessoas são cautelosas com o que comem e, mesmo assim, continuam doentes e deprimidas, pois seus pensamentos contêm toxinas piores do que qualquer aditivo artificial, inseticida ou veneno. Seja o que for que seu prato contenha, um banquete ou migalhas, dê graças a Deus. O melhor tempero para sua refeição é a gratidão.

Ambiente físico

Seu corpo é o templo de sua alma e sua casa é o templo do seu corpo. Observe atentamente o lugar onde você mora. O que você vê? Contas pendentes, animais de estimação malcuidados, carros sujos ou avariados, plantas secando por falta de água, falta de manutenção, portas e janelas danificadas, lâmpadas queimadas... todos esses são indicadores claros de desordens e de algo que não está bem em sua vida. Há desafios financeiros que mudam nossas prioridades. Ainda assim, o caos no ambiente ao seu redor pode representar confusão, falta de disciplina e incapacidade de tomar decisões ou de soltar o que o retém.

Avalie o estado atual do seu ambiente de vida e faça as mudanças necessárias para ter mais ordem. Providencie um lugar para cada item, conserte o que estiver quebrado, responda as mensagens pendentes, pague contas vencidas, pode as plantas, troque as pilhas, renove sua maquiagem, recicle todos os potes de loção quase vazios.

Arrume sua casa ou seu espaço de trabalho e veja como sua casa mental se organiza de imediato.

Vida simplificada

Tornamo-nos uma sociedade obcecada por comprar "coisas". O acesso a qualquer produto que se queira é quase instantâneo. Substituímos o bom senso por impulsos emocionais. Hoje em dia, é mais fácil e rápido conseguir o que pensamos que precisamos; em alguns casos, os produtos são entregues à nossa porta em menos de uma hora. Gratificação instantânea – a tentação de comprar qualquer coisa que imaginamos que precisamos para nosso *status* ou nosso conforto – é um novo tipo de ganância que os vendedores entendem muito bem. O resultado é que a nossa casa sempre precisa ser maior e nosso *closet* acaba ficando do tamanho de outro cômodo, cheio de "coisas" de que não precisamos. Nos Estados Unidos, alugar salas extras para depósito tornou-se uma necessidade para conter todas essas posses. Nós não compramos, apenas – nós acumulamos.

O Universo recicla; não economiza de modo indefinido, nem desperdiça. É contrário às leis da natureza agarrar-se a algo de que você já não necessita. Isso se transforma em obstáculos no fluxo da energia, criando estagnação. O apego ao que não é mais útil envia uma mensagem equivocada ao Universo: se não estou disposto a abrir mão, também não estou disposto a receber. Algumas pessoas guardam tudo, até as roupas que usaram na juventude, por indecisão (e se...) ou culpa – "antes, eu não tinha nada". Em alguns casos, o acúmulo se deve à crença na escassez. Uma obsessão em salvar artigos específicos, por outro lado, pode esconder uma mensagem essencial para você. Esses velhos livros de receitas estão abrigando seu sonho de se tornar um *chef*?

Prática: tornando-se minimalista

Objetos preservados que guardam seus sonhos não realizados não o impulsionam para o futuro nem o deixam saborear o presente. Às vezes, precisamos atualizar nossos objetivos, renová-los, como atualizamos a nós mesmos, com a intenção de evoluir a partir de dentro. Lembranças aprisionadas nas coisas que guardamos podem nos tornar indecisos, mantendo-nos distraídos e fechados para novas oportunidades. Devemos respirar ar fresco e começar de novo.

- Escolha um mês para limpar a bagunça, inclusive da sua mesa de trabalho. Liberte-se e organize-se – doe e recicle. Elimine aquele cheiro rançoso do velho, substituindo-o pelo frescor das flores. A limpeza da primavera pode ser feita em qualquer estação.
- Faça um inventário mental do que é útil e do que é inútil em sua vida. Você precisa de dois carros? Chega a precisar mesmo de um? Uma casa menor? Não estou dizendo que você deva se desfazer dos seus sonhos e do conforto, mas apenas do que lhe traz mais estresse por causa da manutenção que se faz necessária. A redução de coisas materiais pode ser uma bênção disfarçada.
- Revise seus pertences e elabore uma lista mental do que deve guardar, do que deve doar, do que deve descartar e do que deve reciclar. Só pare depois de tocar tudo o que você tem com energia renovadora. Por exemplo, jogue fora todos os remédios, as maquiagens e os alimentos vencidos.

Se você conseguir se livrar de tudo o que não serve para nada em sua casa, verá como, da mesma maneira, abrirá mão de pessoas, ideias e crenças que o mantiveram preso ao passado. Não é de admirar que a arte da organização tenha se tornado, em si, um novo gênero! Abandonar o velho é a única maneira de criar um novo espaço disponível para ser preenchido com uma nova vida.

O meio ambiente

O planeta Terra também faz parte do seu entorno físico. Se você quer de fato proteger a Terra e preservá-la para as gerações futuras, recomendo que faça algumas mudanças simples em seu estilo de vida atual. O movimento ecológico "verde" é mais uma prova do despertar de um novo ciclo. Você pode começar em casa com coisas pequenas e comuns, como usar menos água ou menos eletricidade, reciclar potes de plástico e de vidro, evitar *sprays* prejudiciais à camada de ozônio, caminhar em vez de deslocar-se de carro, ir ao supermercado levando suas próprias sacolas reutilizáveis ou comprar produtos de limpeza ecológicos.

Aos poucos, mas de modo consistente, o bom senso e as informações confiáveis irão levá-lo a fazer escolhas melhores como um consumidor bem-informado. É a maneira ideal de educar seus filhos a respeito dessas novas práticas ao mesmo tempo que você educa a si mesmo e passa a conhecer produtos bons para o meio ambiente. Eu encontrei alternativas para quase todos os produtos que utilizo com regularidade.

CAPÍTULO 4

Sua abundância

A moeda da natureza

O estado normal da natureza é a abundância. A quantidade de átomos, minerais e matérias-primas disponíveis para criar é ilimitada. Em seu movimento eterno, o Universo não monopoliza, não se apossa, não guarda nem esconde seus recursos naturais. Também não os desperdiça nem os utiliza como troféu de ostentação. Ao contrário, esses recursos são usados, transformados, reciclados e distribuídos de graça a todos os seres humanos para o bem comum. Em outras palavras, a natureza funciona num movimento perpétuo e harmonioso sob a sábia orientação de Deus. Do mesmo modo, nosso estado natural é de abundância, e uma das suas principais características é fluir com liberdade.

> *Olhai as aves do céu: não semeiam, nem colhem, nem ajuntam em celeiros. E, no entanto, vosso pai celeste as alimenta. Ora, não valeis vós mais do que elas? Quem dentre vós, com as suas preocupações, pode acrescentar um só côvado à duração da sua vida?*
> – Mateus 6,26-27

Infelizmente, as pessoas quase sempre desconsideram a natureza e agem em desacordo com suas leis – usurpando, monopolizando e sendo egoístas. Todo esse desperdício de energia se deve ao nosso medo de perder algo que acreditamos nos pertencer: nossas posses e nossos privilégios. Não nos damos conta de que, com esse comportamento, interrompemos o fluxo natural das coisas e impedimos que os outros desfrutem do que lhes pertence por direito, criando, assim, um grande desequilíbrio entre os recursos disponíveis. Quando temos medo, a energia cessa seu movimento e fica estagnada. Não é por acaso que o símbolo de troca monetária se chama moeda *corrente*, pois está em movimento contínuo, como uma corrente de energia, e, além disso, nossa vida acontece no *corrente* momento! O estado de abundância de uma pessoa não se mede pelo número de seus bens nem pela soma de dinheiro em suas contas bancárias. A citação bíblica "pelos seus frutos os conhecereis"[12] se refere à abundância espiritual, não a um extrato bancário.

A pessoa que tem acesso a uma genuína abundância não é aquela que tem mais posses, mas aquela que mais usufrui e aprecia o que tem. Conheço pessoas ricas que são muito pobres de espírito, e conheço pessoas consideradas pobres, segundo os padrões gerais, que são ricas e abundantes no modo como se sentem e se comportam em relação aos outros. O sucesso material é temporário e transitório, mas a abundância é permanente. A abundância é o resultado da nossa atitude em relação ao que é exuberante e excedente. É a paz e a certeza que resultam de se receber de uma fonte inesgotável. É não ter dúvida de que você sempre receberá aquilo de que necessita na exata medida, sempre que precisar. Essa convicção nasce da confiança em Deus como sua única e verdadeira fonte.

---

12 Mateus 7,16

Seguindo o plano divino, recebemos por intermédio da graça o "pacote de compensação" mais completo: seguro, cobertura universal e o melhor plano de saúde e proteção, tanto para você como para os seus entes queridos. Quem tem abundância numa área deve ajudar quem não tem; princípio que se aplica à riqueza emocional, mental e espiritual.

O que fundamenta suas ideias sobre dinheiro?

Você tem consciência das suas crenças relacionadas à prosperidade e à abundância que acredita merecer? Essas crenças provêm das lições aprendidas no passado. Ao longo dos anos, seus pais, seus familiares e seu ambiente social e físico contribuíram para criar seus mitos mentais – lições inconscientes que se cristalizaram e se transformaram em crenças que regem seu comportamento, influenciando de modo silencioso suas decisões diárias.

Uma criança que viu os pais sofrerem com perdas financeiras ou a privação das necessidades básicas pode desenvolver um medo interior que gera comportamentos incompatíveis com a vida abundante, como o hábito de guardar objetos inúteis além do razoável ou a necessidade de gastar dinheiro de modo impulsivo, efetuando compras desnecessárias. Vantagens como riqueza e educação no início da vida de fato fazem diferença. No entanto, mesmo que você tenha nascido com desvantagens, sempre haverá uma oportunidade de sucesso se você tiver a atitude correta e se conectar com o seu propósito. Quero enfatizar que sucesso não significa a mesma coisa para todos, e prosperidade material não é a única medida de realização. Sucesso material sem uma vida significativa é sinal de fracasso. Precisamos de uma alma abundante, e isso começa no coração.

... Mas o que sai da boca procede do coração e é isto que torna o homem impuro.
– Mateus 15,18

Decepção de primeira classe

Certa vez, ao embarcar num avião, notei um menino muito gracioso de uns 7 anos sentado bem confortável na primeira classe. De repente, sua mãe o puxou pelo braço gritando: "Quem disse que você pode se sentar na primeira classe, garoto? Nada disso! Pare de sonhar com coisas impossíveis!". O sorriso do menino desapareceu na mesma hora, assim como seu sonho. Ele foi acordado de um modo abrupto de seus devaneios e se afastou com tristeza, olhando para o assento como se estivesse pensando: "Que pessoas de sorte as que podem se sentar em assentos tão grandes e confortáveis...".

Esse fato, que parece inocente, pode ter gerado uma falsa crença na criança, passando-lhe a mensagem de que nunca teria importância suficiente para se sentar onde se sentam os passageiros da primeira classe. Como consequência, esse menino pode ter passado a vida pensando, de modo enganoso, que essa possibilidade nunca seria alcançada por ele. Mas o contrário também pode acontecer, pois nosso pequeno herói pode ter decidido fazer todo o possível para conseguir, um dia, ocupar um assento nesse setor, provando, assim, que sua mãe estava errada.

A nossa sociedade impõe limites às pessoas de cor, a certas classes sociais e aos imigrantes. Precisamos romper esses padrões de preconceitos, e isso deve começar com a remoção das limitações que aceitávamos antes como fatos. Quantas vezes fomos o professor, o pai ou o amigo que, com as melhores intenções, agiu de maneira semelhante ao modo como agiu a mãe daquele menino, e destruímos os sonhos de outra pessoa com o nosso comentário negativo? Nossas crenças podem perpetuar uma relação negativa com a abundância.

Mitos sobre o dinheiro

Primeiro mito: *falsa humildade*

A falsa crença de que o sucesso financeiro determina seu grau de humildade é um dos maiores inimigos da prosperidade. Quantas vezes ouvimos declarações de falsa modéstia como "não estou interessado em dinheiro" ou "não me importo com dinheiro"?

O dinheiro não deve ser idolatrado nem deve ser a principal motivação de sua vida, mas também não deve ser ignorado. O dinheiro é o nosso *programa de troca de energia*, aspecto fundamental da nossa maneira de fazer negócios aqui na Terra.

A verdadeira humildade nasce da consciência de que somos todos um e iguais perante Deus. Somos semelhantes aos frutos nos ramos. Alguns galhos são mais altos que outros. No entanto, precisamos reconhecer nossa dependência mútua de Deus, pois nada podemos fazer sozinhos. Faz parte da humildade se lembrar de que nada é permanente: mais cedo ou mais tarde devemos partir deste planeta, deixando todas as nossas desejadas posses terrenas para trás.

A constatação de que tudo muda e que, mais cedo ou mais tarde, acaba chegando ao fim deve ser suficiente para nos tornar humildes. Por enquanto, somos simples zeladores, com a guarda temporária de bens e pertences imaginários – bens que ficarão em nossas mãos por pouco tempo. Seja você quem for ou tenha o que tiver, daqui a cem anos, outra pessoa irá desfrutar do que você acredita que nunca irá acabar – se é que ainda não acabou.

A verdadeira humildade é o antídoto do ego. Consiste em ouvir, não em procurar cada oportunidade para falar sobre nós mesmos e nossas grandes qualidades e sobre os bens que temos ou não temos. Devemos nos interessar pelos outros e ajudá-los de modo incondicional. Devemos fazer o bem sem apregoar aos quatro ventos. Não devemos chamar a atenção pelo que temos, nem pelo que fazemos, mas pela nossa luz e por quem somos em nosso interior. É preciso ter paciência e não querer ser o primeiro da fila, nem exigir tratamento especial, apelando para estratégias como "Você sabe quem eu sou?" ou "Você sabe o que eu faço?", mas, sim, esperar e observar com paciência. Reconhece-se a pessoa de fato poderosa por sua temperança, pois ela sabe que os frutos chegam por uma ordem, por uma ação consciente e repleta de amor, sem esforço em excesso e no tempo devido.

Bem-aventurados os mansos.
– Mateus 5,5

O falso orgulho, porém, também interrompe o fluxo de energia quando nos impede de receber o que os outros têm a nos oferecer. Quando não nos permite enxergar onde estamos de verdade e quando nos impede de solicitar ou aceitar ajuda. A crença de que não somos *bons o suficiente* pode nos levar ao engano, induzindo-nos a colocar a máscara da falsa humildade e a dizer "Não, obrigado, não preciso de ajuda!". Quando alguém nos oferece um presente, uma ajuda, uma informação, um sorriso ou um copo d'água e nós o negamos ou não aceitamos por constrangimento ou orgulho, tiramos do outro a oportunidade de dar e de nós mesmos a oportunidade de receber um benefício ou um agrado. Quando alguém lhe der um presente, lembre-se, é Deus quem o está oferecendo.

Segundo mito: *se eu ganho, alguém perde*
Sentir-se culpado por prosperar e ter medo do sucesso são dois obstáculos que impedem o fluxo da abundância. Quando nos recusamos a viver a expressão mais elevada possível do nosso Eu interior, negamos aos outros a oportunidade de receber os frutos

dos nossos dons e de nossas inspirações. Essa crença pode, então, resultar numa experiência de culpa. Desde que alcançada com integridade e sustentada pelo equilíbrio da retribuição adequada, a prosperidade pessoal não subtrai dos outros a oportunidade de ganhar o pão. Muito pelo contrário – o seu exemplo pode inspirar e ajudar outras pessoas a darem o melhor de si.

Terceiro mito: não há o suficiente

Essa crença pode ter sua origem no medo de perder dinheiro. Nós nos esquecemos de que este mundo foi criado em perfeito equilíbrio e que seus recursos são suficientes para todos. É o medo de perder o controle sobre esses recursos que leva à ganância e ao desequilíbrio. O medo cria apego ao dinheiro e, por fim, faz com que você o perca. Caso você ainda tenha a sorte de mantê-lo, o medo pode tirar-lhe a paz e a capacidade de desfrutar relacionamentos saudáveis e o que você conquistou. O apego ao dinheiro decorre do medo de perder a segurança e é responsável por toda sorte de abusos e más escolhas. Riqueza e abundância vêm de Deus; então, entregue todos os seus dons a ele e, seja qual for a quantia, você sempre sentirá que tem o suficiente.

Quarto mito: o dinheiro é a causa de todos os males

Não é o dinheiro a causa do mal, mas, sim, o apego que temos a ele e o medo de perdê-lo. Muitos pensam, sem refletir, que os ricos são corruptos, mas o dinheiro não transforma pessoas honestas em desonestas. Esses são estereótipos, e não a norma. Não obstante, a riqueza súbita pode desencadear e aumentar atributos negativos que já estavam arraigados.

    Uma vez, perguntei a Dada se a abundância é tão ruim quanto as pessoas dizem. Um rico pode entrar no céu? Ele sorriu e disse: "Não se preocupe, minha filha. O dinheiro e a abundância não irão prejudicá-la na jornada espiritual, desde que você seja a senhora do dinheiro, não sua escrava!". Precisamos controlar o dinheiro com sabedoria, sem permitir que ele tenha poder sobre nós. O resultado das horríveis desigualdades no mundo é que os pobres continuam pobres e os ricos ficam mais ricos. No entanto, se alguém se depara com a possibilidade de uma vida melhor, pode ser auxiliado com educação e alimentação enquanto se eleva. Governos e empresas são injustos quando perpetuam condições negativas e desconsideram as necessidades dos pobres. Numa entrevista, Madre Teresa lembrou a todos que os pobres são pessoas boas e que muitos deles são felizes e contentes mesmo vivendo em condições adversas. "A pior pobreza", disse ela, "é a pobreza de espírito. Pode-se dar um cobertor a uma pessoa pobre, e ela se recuperará do resfriado, mas é muito difícil consolar uma pessoa rica que é pobre de espírito!".[13]

A HISTÓRIA DO CAMELO E DO BURACO DA AGULHA

Jesus disse: "É mais fácil um camelo passar pelo buraco de uma agulha do que um rico entrar no Reino de Deus".[14] O que isso significa? Uma interpretação possível é de que o buraco da agulha representa a porta de entrada de uma cidade em que os camelos precisavam ser descarregados antes de atravessar a pequena porta. Segundo outra interpretação, a palavra "camelo" em aramaico, a língua original dos escritos bíblicos, também significa "corda". Ambas as interpretações deixam claro que ninguém que prefere suas riquezas a Deus encontrará a felicidade ou entrará no reino dos céus. Mas como antepor Deus à riqueza?

---

13 "Firing Line with William F. Buckley, Jr.: Mother Teresa Talks with William F. Buckley, Jr." YouTube. 3 de fevereiro de 2017. Disponível em: https://www.youtube.com/watch?v=3__jvGa5L6Y.

14 Mateus 19,24

UMA HISTÓRIA DA VIDA REAL

Bud Paxson, fundador da rede de tevê a cabo Home Shopping Network, uma das maiores dos Estados Unidos da América, escreveu sobre sua experiência em seu livro de memórias *Threading the Needle: The PAX NET Story*. Ele daria a vida pelo negócio que criou e administrava, mas logo descobriu que o preço para aumentar sua fortuna era alto demais. De acordo com suas memórias, numa bela e aparentemente tranquila noite de Natal, sua esposa o surpreendeu com estas tristes palavras: "Eu estou te deixando".[15]

Depois dessa decisão da mulher, Bud mergulhou na "noite escura da alma". Mais tarde, certa noite, sozinho e em lágrimas na suíte mais luxuosa de um famoso hotel de Las Vegas, ele se deu conta de que tudo o que possuía não valia nada sem o amor e a presença das pessoas que amava. Embora estivesse multimilionário, entrou em falência espiritual. Na mesma noite, procurou, em meio ao desespero, uma Bíblia, e então adormeceu lendo as Escrituras. No dia seguinte, sentiu-se diferente, como se tivesse acontecido um milagre. Sem perceber naquele momento, Bud havia entregado sua vontade a Deus naquela noite, e milagres começaram a acontecer.

Depois dessa experiência, Bud vendeu suas ações à rede de tevê e reconstruiu sua vida ao lado da sua nova companheira. A partir desse momento, passou a dedicar todos os seus talentos a Deus: entre outros negócios, fundou a rede familiar PAX TV[16] e criou a Christian Network, uma notável rede sem fins lucrativos que alcançou mais de 63 milhões de americanos durante mais de dezoito anos. Bud Paxson concluiu que, se

---

15 Lowell 'Bud' Paxson, *Threading the Needle: The PAX NET Story*. Nova York: HarperCollins, 1998, p. 87.

16 A PAX TV mantém uma programação de entretenimento voltada, de modo especial, à família; mais tarde, foi redefinida como i: Independent Television (que é conhecida apenas como "i"), e foi transformada numa rede de entretenimento geral.

entregarmos todos os nossos dons a Deus e à sua causa, ele sempre nos compensará. Siga você a religião que seguir, se decidir atender ao seu chamado com amor e alegria, e agir de acordo com o plano de Deus para a sua vida, sem dúvida, receberá a recompensa adequada: abundância em todas as áreas, sendo que a mais importante é a abundância do espírito.

Por que as pessoas perdem dinheiro?

Há duas maneiras de perder dinheiro. Uma é perder depois de ganhar, como na falência. A outra é tê-lo, mas não desfrutar dele, o que gera uma insatisfação permanente. Várias são as razões possíveis que levam as pessoas a perder suas fortunas: ciclos financeiros e circunstâncias externas, como uma crise econômica; medo, ganância ou desperdício; decisões erradas resultantes de falta de autoestima, da necessidade de aprovação, de crenças religiosas errôneas (culpa), do desejo de poder ou da falta de integridade.

Um motivo comum é o desequilíbrio entre dar e receber – seja dando demais ou, então, muito pouco. Esquecer de agradecer, sem dar o devido crédito à fonte divina, é um fator que repele a abundância. Deus não tira seu dinheiro, mas não agradecer equivale a não estar presente. A distração ou o descaso pode ser outra maneira de perder um presente ou uma propriedade. Ou talvez a causa de perder seu dinheiro, sua fortuna e sua renda seja consequência de você não viver uma vida com propósito e não ocupar seu devido lugar no plano divino. Lembre-se de que a natureza faz o melhor uso possível de todos os seus recursos, não desperdiçando nada. Quantas vezes perdemos uma posição que achávamos "confortável"? Quantas vezes a perda de um emprego de muitos anos se tornou uma bênção quando tivemos de nos reinventar? Se os seus dons não estão sendo usados da melhor maneira possível ou não fazem parte do bem comum da humanidade, é muito provável que você seja afastado do lugar que ocupa de modo forçoso.

Sementes para a abundância

Abundância é a capacidade de desfrutar do que você tem, seja quanto for que possua. Por outro lado, prosperidade é o aumento dos frutos do seu trabalho, sejam espirituais, emocionais ou físicos. Pobreza e riqueza não dizem respeito apenas ao mundo material. Você pode senti-las em várias áreas da sua vida – no campo espiritual, em sua saúde, na família, no relacionamento amoroso ou na capacidade de servir aos outros –, não depende do que você tem no âmbito material. Não se esqueça de que Deus quer que você prospere em todas as áreas.

> *Caríssimo, desejo que em tudo prosperes*
> *e que a tua saúde corporal seja tão boa*
> *como a da tua alma.*
> – 3João 1,2

Parafraseando C. S. Lewis, *não podemos escolher onde começar a vida, mas sempre podemos escolher onde terminar*. Seu progresso é resultado das sementes plantadas no passado em diferentes áreas de sua vida. Não existe erro no Universo. Sementes começam em forma de pensamento, tornam-se crenças e terminam em ações que devem ser sempre coerentes com as atitudes de uma pessoa agraciada com abundância. Os pensamentos negativos criam menos problemas do que as crenças negativas plantadas em nosso subconsciente. A seguir, você encontrará algumas belas sementes, as quais poderá plantar, que produzirão abundância e prosperidade nas diversas áreas de sua vida.

Primeira semente. Observe a si mesmo. Identifique seus mitos e suas crenças sobre seus valores e seus méritos e mude sua consciência. Em seu diário, faça duas colunas. Na coluna da esquerda, escreva suas crenças antigas; na da direita, as novas crenças. Modifique crenças como "não me basto, não mereço e não sou digno", relacionadas à escassez, quer você tenha pouco ou muito dinheiro ou bens materiais, e semeie um novo pensamento: "Eu mereço. Eu sou filho/filha de Deus. Eu me basto, eu tenho importância, eu tenho valor. Deus supre todas as minhas necessidades". Afirmações como essas transformarão sua experiência com relação à abundância. Talvez você apresente alguma resistência inicial, mas continue com essas novas afirmações.

Segunda semente. Assuma responsabilidade por seus erros passados. Salde suas dívidas em todas as áreas. Perdoe-se tanto pelas más decisões quanto pelos excessos. Perdoe as pessoas que o enganaram ou tiraram algo de você. Ao perdoar, você se livra dos pensamentos negativos e vingativos que ocupam o espaço dos criativos.

Terceira semente. Seja agradecido(a). Faça uma lista dos presentes que Deus já lhe deu. Olhe com atenção, pois eles estão por toda parte: o Sol, o oxigênio, seus filhos, a saúde, seus talentos e outros mais. Agradeça pelos presentes que tem hoje para receber as dádivas de amanhã.

Quarta semente. Entregue suas finanças e posses a Deus. Essa é uma área que, em geral, resistimos a entregar a Deus; não obstante, é ele quem nos dá a abundância. Repita: "Deus, seja feita a tua vontade com as minhas finanças. Sejam meus bens usados para teu bem maior". Feita essa oração, você pode se despreocupar com relação ao seu dinheiro.

Quinta semente. Use seus talentos para ajudar a humanidade. Meu professor Alexander Everett disse, certa vez: "Se você quer ter um milhão, antes deve doar um milhão em serviços".

Sexta semente. Dê seus proventos a si mesmo, economizando, mas não se esqueça de dar um décimo ou uma porção dos seus ganhos a uma causa que considera importante.

Sétima semente. Aja agora. Comece onde estiver. Organize-se, pague suas contas, poupe, invista, salde suas dívidas e cobre dos seus devedores. Faça um curso. Comece a administrar o que você tem com responsabilidade, qualquer que seja a quantidade. Quem não consegue lidar com cem dólares de maneira correta não pode lidar com cem mil, muito menos com um milhão. Visualize um plano e aja de modo coerente com sua nova atitude de abundância.

Oitava semente. Pratique a generosidade, que não significa compartilhar apenas bens materiais, mas também dar o melhor de si em cada momento. Assim, você não oferece apenas benefícios materiais aos outros, mas também recursos e informações, algum tipo de ajuda, um sorriso e sua amizade. Observe até que ponto está disposto(a) a elogiar, agradecer, ser gentil, mostrar apreço por um trabalho benfeito. Aplauda um espetáculo em pé, trabalhe horas extras sem esperar recompensas, deixe um bilhete com um pensamento elevado, cumpra com sua palavra, divida um bolo com seu vizinho, dê uma gorjeta generosa a quem lhe presta um serviço. Tudo isso retornará a você em forma de bênçãos.

Seja generoso consigo mesmo, valorize-se, dê-se um tempo, descanso, férias, um mimo. Valorize a si mesmo e aos outros por seu Eu interior, não apenas por suas posses. Devemos amar as pessoas por serem quem elas são, não pelo que podem nos dar.

Se o seu trabalho é um fardo para você, simplifique um pouco. Valorize as coisas simples da vida. Um simples piquenique num parque pode ser mais satisfatório do que o banquete do hotel mais luxuoso. Valorize as coisas que tem e não se distraia com o que acha que está faltando.

Valorize as pessoas próximas a você: seus amigos, seu companheiro ou sua companheira, seus filhos, um ente querido, seu parceiro e a própria vida. Nunca sabemos quanto tempo eles ficarão conosco. Dar um abraço apertado, agradecer, sorrir, levar uma flor, compartilhar um pôr do sol, tudo isso é inestimável. Aproveite esses presentes. Dê de si mesmo sem expectativas, e o Universo o compensará na mesma medida.

CAPÍTULO 5
Sua espiritualidade

Quando falamos de espiritualidade, em geral nos vem à mente a imagem de uma realidade invisível. Entretanto, tudo em nosso Universo, mesmo o que é material, é, em essência, espiritual. Dessa perspectiva, o dinheiro e a água-benta são espirituais, assim como um empresário e um padre. Tanto o visível quanto o invisível são sagrados.

O mundo objetivo ou material depende do mundo subjetivo ou espiritual e é por este afetado. Todavia, uma ininterrupta guerra silenciosa trava-se entre os que se dizem religiosos e os que definem o seu caminho como espiritual. Não obstante, não podemos deixar de ser espirituais. A espiritualidade não é uma religião; é uma busca pessoal da transcendência. Religião é meramente o conjunto de crenças que você escolhe; na maioria dos casos, seu ambiente determina sua fé. As religiões não têm o objetivo de ser clubes exclusivos ou de separar os seres humanos uns dos outros. "Viver" de modo consciente os ensinamentos corretos da religião é mais importante do que praticar rituais, embora os rituais possam nos aproximar da nossa família imediata, da nossa comunidade e de Deus.

Não sou contra a religião. Pelo contrário, penso na religião como uma linguagem, e todos têm o direito de se relacionar com Deus usando suas próprias palavras e símbolos. Toda religião tem seu lado luz e seu lado sombra. A luz da religião se apaga quando a escuridão do fanatismo lança sua sombra sobre qualquer conjunto de crenças razoáveis.

Há muitos caminhos para chegar a Deus. Cada pessoa escolhe as práticas que considera necessárias em cada etapa da evolução de sua vida. Todos nós passamos por diferentes estágios de fé; então, não podemos julgar ou criticar as práticas, as vestes, os ritos ou os idiomas dos outros apenas porque parecem diferentes dos nossos. Quando falo em espiritualidade, refiro-me a uma linguagem que vai além de credos e dogmas. Espiritualidade é a forma pacífica que cada um escolhe para expressar sua relação com Deus.

Onde está Deus?

O Talmude reproduz uma conversa entre o imperador romano Adriano e o rabino Josué.[17]

Certa vez, o imperador disse:

— O senhor diz que fala com Deus todos os dias, mas onde está Deus? Eu gostaria de vê-lo.

— Impossível – disse o rabino.

Decepcionado, o imperador insistiu:

— Como o senhor espera que eu acredite num Deus que não posso ver?

O rabino, então, sugeriu:

— Olhe diretamente para o sol.

— É evidente que não consigo – respondeu o imperador.

---

17 Contada por Dada J. P. Vaswani em *The Way of Abhyasa: How to Meditate*.

O rabino, então, sorriu e disse:

— Como espera ver Deus se você sequer consegue olhar para o sol, um mero servo dele?

Deus

Existe um único Deus, mas cada pessoa vê Deus da maneira que consegue compreendê-lo. Um aborígine pode retratar Deus como o Sol, um artista ocidental pode representá-lo como um homem branco rodeado de anjos, e um cientista pode descrevê-lo como uma grande matriz de energia em movimento.

A minha forma de ver Deus é simples: Deus é Um. Ele é mãe e pai; Deus é tudo. Eu acreditava num Deus distante, considerando-o severo e intolerante. Parecia mais um ditador das minhas emoções do que um pai amoroso. Meu velho deus se comportava e reagia do mesmo modo que um ser humano se comportaria, exigindo devoção e punindo quem não o obedecesse e o adorasse. Na minha imaginação, Deus tinha barba branca e me governava do céu. Eu acreditava que ele estava sempre me julgando.

Hoje, minha visão é outra. Vejo um Deus amoroso, onipresente, onisciente e inclusivo, que existe ao mesmo tempo em todos os lugares, imune ao tempo e ao espaço. Hoje o vejo como criador do Universo e de suas leis, não sendo afetado por nosso mundo físico. A natureza de Deus está além da minha capacidade de compreensão, o que não me impede de senti-lo de um jeito muito pessoal no íntimo do meu coração.

Nós somos deuses?

Somos filhos e filhas de Deus, mas nos esquecemos do que fazemos parte. Este salmo nos faz lembrar:

> Eles não sabem, não entendem; vagueiam em
> trevas; todos os fundamentos da terra se abalam.
> Eu declarei "Vós sois deuses, todos vós sois filhos
> do Altíssimo".
> – Salmo 82, 5-6.

Inclusive, Jesus citou esse salmo em sua defesa, como um lembrete aos que queriam apedrejá-lo: "Não está escrito em vossa lei 'Eu disse: Sois deuses?'" (Jo 10,34). Uma gota de água do mar não pode ser definida como o oceano em si, mas apenas como parte dele. Essa gota também não pode ser descrita como uma entidade isolada. Assim, cada gota no oceano é uma réplica holográfica do todo, feita à imagem e à semelhança do mar. Embora a gota não seja a totalidade do oceano, é um verdadeiro espelho, constituída da mesma substância. Do mesmo modo, embora sejamos à *imagem* e a *semelhança* de Deus, não somos Deus, mas parte dele, Seus filhos amados. Um padre me disse, uma vez: "É impossível perder nossa imagem de Deus, mas é fácil perder sua semelhança".

Deus se manifesta e se expressa por intermédio do meu ser. Ele É e observa através dos meus olhos; é a razão da minha existência tanto quanto eu sou a sua razão de ser; é a luz que me guia, meu norte e meu plano. Ele conhece o caminho. Ele é o Caminho.

A essência da espiritualidade

Há pessoas que estão sempre procurando manifestações de religiosidade nos outros. Contudo, não precisamos ostentar um título, nos vestir ou falar de determinada maneira para sermos espirituais. A essência da espiritualidade se encontra em nossa busca sincera do que está além de nós. Por isso, precisamos ser coerentes em nossa mensagem. A prática de rituais não é suficiente para manifestar honestidade. Na espiritualidade, a honestidade anda de mãos dadas com as nossas intenções e com as nossas ações amorosas. Boas ações não precisam ser exibidas ao público. Dar um abraço simples e sincero em outro ser humano ou oferecer de um modo discreto um pedaço de pão a um morador de rua podem ser maneiras muito elevadas de louvor a Deus e, portanto, um sinal de espiritualidade. Pessoas conscientes no plano espiritual não sentem necessidade de impressionar ninguém com seus conhecimentos. Elas sabem que a informação espiritual não é exclusiva e que Deus não pode ser descrito em palavras. Assim, elas escolhem ser sempre humildes.

Despertando outras pessoas no plano espiritual

A mensagem mais poderosa que você pode comunicar aos outros é, por meio do seu modo de ser, inspirá-los a se conectar com sua própria luz interior. É importante lembrar-se de que inspirar os outros não significa que todos devem ouvir ou fazer o que você faz. Algumas pessoas não acham nossa mensagem compatível com suas crenças ou já praticam uma forma de fé que lhes convém mais em suas próprias comunidades. Por sua vez, outras pessoas podem se tornar seu orientador espiritual se você estiver disposto a ouvir.

Em vez de impor sua mensagem, apenas plante a semente. Seu exemplo fala mais alto do que suas palavras. É importante entender que podemos exercer um efeito positivo por meio da energia que emitimos, visto que tudo no Universo está interligado. Segundo meu mestre Dada, quando pessoas se reúnem em grupos, podem ajudar outras a se conectar com a energia de Deus.

SER COMO UM AFINADOR DE PIANO

Em 1665, o cientista holandês Christiaan Huygens descobriu que, se colocasse dois relógios de pêndulo lado a lado, movendo-se em ritmos diferentes, eles logo se sincronizariam, passando a se movimentar no mesmo tempo e no mesmo ritmo. Ele chamou esse fenômeno de "vibrações simpáticas". Algo semelhante ocorre com o diapasão usado para afinar o piano: quando colocamos um diapasão vibrando ao lado de outro parado, este começa a vibrar na mesma frequência do primeiro.

Do mesmo modo que os peixes nadam no mesmo ritmo e os pássaros sincronizam seu voo, assim os seres humanos afetam uns aos outros, tanto em frequências de ódio e agressão quanto em ondas de paz e amor universal. Um líder egoísta pode contaminar o mundo inteiro com seu ódio. O mundo das vibrações já não é uma realidade exclusiva dos anos 1960.[18] Se você for um ser conectado de modo consciente com Deus, pessoas de alta frequência, como a sua, poderão se aproximar de você, mas também seres de baixa vibração, para dar-lhe algumas lições ou, então, para que você os ajude. Quando você está conectado com a vontade de Deus e em harmonia com ela, sua frequência superior o protege o tempo todo.

Para se tornar um agente de mudança espiritual, você não precisa ser perfeito, mas tem de se esforçar para manter uma relação consciente com Deus. Corremos todos os tipos de riscos pessoais, materiais e espirituais tanto em relação a nós mesmos quanto em relação aos outros quando deixamos de nos vincular a Deus antes de estender a mão para ajudá-los.

Agentes de mudança espiritual

O real significado do mandamento que nos ordena amarmos uns aos outros é inerente ao dom de inspirar as pessoas com a prática de atos ocasionais de bondade incondicional.

---

18 Para uma visão moderna das vibrações, ver "The Hippies Were Right: It's All about vibrations, Man!" no *Scientific American Blog Network*, de Tam Hunt, postado em 5 de dezembro de 2018. Disponível em: https://blogs.scientificamerican.com/observations/thehippies-were-right-its-all-about-vibrations-man/.

Os verdadeiros agentes da mudança espiritual demonstram esse dom por meio da integridade e da honestidade no modo como tratam os outros, inclusive aqueles de quem discordam. Pessoas espiritualizadas não são perfeitas, pois ninguém neste mundo é perfeito. Com certeza, cometem erros, mas, mesmo assim, podem ser honestas e se esforçar para corrigi-los. Os mestres espirituais vivem em constante processo de aprendizado com todos os seus desafios e defeitos, que, em geral, têm relação com as mesmas lições que vêm ensinar.

Uma pessoa espiritualizada de verdade mantém uma atitude reverente para com seus semelhantes e as coisas simples da vida. Trabalha para servir aos outros, não para utilizar seus conhecimentos visando a seus próprios objetivos ou para obter privilégios. Apenas age de modo coerente com o que pensa, diz e faz.

Falsos profetas

Embora nenhum habitante deste mundo esteja livre de sombras e erros, é necessário e prudente saber reconhecer os falsos profetas. Vivemos tempos de elevada vulnerabilidade emocional, em que milhares de pessoas são muito suscetíveis a ser vítimas de todas as formas de armadilhas psicológicas, de cultos enganosos e falsidades ideológicas.

Cuidado com os falsos líderes! Exija sempre transparência e respeito dos que desejam liderar. Desconfie se pedirem dinheiro ou acesso a suas posses. Da mesma maneira, fique atento caso algum líder tente separá-lo de sua família ou cometa algum tipo de assédio sexual ou peça algum teste complicado, perigoso ou sem sentido para que você possa provar sua fé. Enfim, esteja atento para não se devotar de modo obsessivo a um líder terreno. Seja cauteloso(a). Não é necessário desconfiar de todo mundo, mas seja criterioso(a) e ponderado(a). Você *sempre* terá o direito de questionar. Dê ouvidos à sua intuição e confie nela.

Questões sobre a vida após a morte

As religiões têm concepções diferentes sobre a vida após a morte. Eu respeito os distintos pontos de vista e sou adepta do diálogo inter-religioso. Algumas religiões afirmam que, depois da morte, a alma continua a evoluir e renasce em outro corpo. Outras acreditam que a alma migra para outros mundos ou outros planos superiores. A maioria das pessoas acredita no céu ou no inferno, ou em ambos. Outras pessoas negam a possibilidade de reencarnação e justificam as lembranças de vidas passadas como resultado de uma memória coletiva.

Há um denominador comum que une a maioria dessas teorias: na vida após a morte, todos nós voltamos para Deus, nossa fonte. Explicar o conceito de vida após a morte ou reencarnação pode ser um verdadeiro desafio na complexidade multidimensional do nosso Universo. Vivemos num mundo linear, mas a eternidade é um estado fora do tempo. Nas palavras de Santo Agostinho, para sempre não é muito tempo, mas um lugar em que não há a medida de tempo. Como se pode justificar esse milagre em termos que façam sentido da perspectiva do nosso mundo material?

Em assuntos do espírito, prefiro manter a mente aberta com uma pergunta do que fechada com uma resposta. Embora eu não conheça os detalhes, tenho certeza de que existe um plano perfeito baseado no amor ativo. Acredito que a alma sobreviva ao corpo, que mantenha sua identidade e se reúna com os entes queridos até todos nós retornarmos a Deus, que está além das nossas leis de espaço e tempo. Acredito que Deus seja deveras amoroso, onisciente, compassivo e misericordioso; que, mesmo para o pior de nós, ele tenha um plano de perdão e redenção.

Tudo o mais é mistério.

Só podemos nos entregar, ser agradecidos, perdoar a nós mesmos e aos outros, conectar-nos ao seu plano e acolher a paz que ele oferece, permitindo que nos mostre o caminho. Não é necessário entender todos os detalhes desse plano divino. Durante uma conferência de que participei, alguém perguntou ao Dalai Lama se ele se lembrava de suas vidas passadas. Ele respondeu, brincando: "Na verdade, sequer me lembro do que me servi hoje no café da manhã". Os budistas tibetanos acreditam na reencarnação. Com seu comentário, porém, o Dalai Lama demonstrou a futilidade de tentar encontrar respostas no passado, seja na infância ou em vidas passadas. As respostas às nossas perguntas só podem ser encontradas no presente.

Os valores são universais; a religião não

Os valores universais, ou *virtudes superiores*, não são exclusivos das religiões orientais ou ocidentais; são comuns a pessoas religiosas e a pessoas não religiosas. Alguns exemplos são:

- **Gratidão.** Agradecer é aceitar que tudo, tudo mesmo, é uma dádiva de Deus. O Sol, a Lua, a chuva, tudo é fruto da graça divina. Encontramos algo de valor em cada experiência, seja qual for a sua natureza.

- **Integridade.** Ser uma pessoa íntegra significa seguir sempre a verdade interior, nossa bússola divina. É ter clareza sobre nossas verdadeiras intenções o tempo todo. Se quisermos seguir a vontade de Deus de modo consciente, deveremos viver com integridade.

- **Empatia.** Ter empatia significa aceitar que estamos longe de ser perfeitos, que erramos e que, em algum momento, podemos sofrer e sentir dor como os outros. A empatia nos liberta de preconceitos e julgamentos, aproximando-nos dos outros.

- **Compaixão.** Nossa capacidade de compartilhar e sentir amor por toda a humanidade amadurece quando nos tornamos um instrumento de Deus. A compaixão nasce em momentos de necessidade, quando o amor divino de Deus pode fluir do nosso coração para os outros com o objetivo de ajudar a curar. Por meio da compaixão, podemos reconhecer que todos nós somos irmãos e que, em última análise, fazemos parte do mesmo Deus.

- **Livre-arbítrio.** Deus nos deu um poder incondicional para discernir o certo do errado. O nosso livre-arbítrio é mais forte quando entregamos nossos desejos – quando a vontade de Deus está acima de tudo em nossas prioridades.
- **Serviço.** O sentido último da nossa vida é o serviço, entendido como qualquer ação que se pratique com amor, sem esperar nada em troca. Não podemos confundir serviço com dever, obrigação ou um modo de receber pagamento ou reconhecimento. Serviço é a maneira natural de compartilhar e atender às necessidades dos outros. As árvores nos dão seus frutos e os pássaros, seus cantos, sem outro motivo senão o prazer de dar. O serviço desinteressado aos outros é a maneira mais elevada de louvar a Deus.
- **Liderança.** Um líder é quem aplica suas habilidades para propiciar o melhor aos outros. Ele emprega seus dons para inspirar os outros e mostrar o caminho para Deus. Para ser um bom líder, é preciso, primeiro, aprender a ser um bom seguidor, como os apóstolos, que, mais tarde, se tornaram mestres.
- **Entusiasmo.** Esta palavra deriva do termo grego *en-Theos*, que significa "em Deus". Quando você está conectado, sua energia emana diretamente da fonte e você fica repleto da Sua essência. Seu verdadeiro propósito se expressa com energia quando você se sente "en-tusiasmado"; é quando você está "em Deus".

- **Encantamento.** Quando estamos encantados, vemos tudo com os olhos inocentes de uma criança. Os que se deslumbram com coisas simples encontram a porta do céu. Jesus ensinou essa lição. Encantar-se é contemplar tudo o que se apresenta à vista com alegria e um sorriso. É quando você sente reverência por tudo ao seu redor, reconhecendo a totalidade como parte de Deus. É saborear a vida com todos os sentidos, sem pensamentos, lembranças ou julgamentos, como se o fizesse pela primeira vez.
- **Desapego.** Desapego significa abrir mão dos desejos e anseios do ego em troca do que Deus tem para nós. É ter consciência da natureza temporária e fugaz da vida, compreendendo e aceitando que tudo muda, se transforma e termina como parte da ordem divina.
- **Paciência.** Paciência é a arte e a ciência de manter a calma em meio ao tumulto. Para ter paciência, precisamos primeiro ter fé, o que significa saber que tudo tem seu devido tempo e sua ordem precisa. Os frutos têm seu processo de amadurecimento. Se você comer uma fruta antes de ela amadurecer, sentirá um gosto amargo na boca.
- **Delicadeza.** Praticar a arte da delicadeza, ou da gentileza, é revestir cada palavra, cada pensamento e cada ação com a doçura do amor.

BUDA E A MANGA

Um grupo de discípulos pediu a Buda uma mensagem espiritual. Buda ficou em silêncio, pegou uma manga madura e a manteve em sua mão. Seus seguidores reiteraram o pedido. Buda continuou em silêncio, ainda segurando a manga. Pela terceira vez, os discípulos de Buda insistiram para que ele lhes ensinasse uma lição; no entanto, Buda continuou tranquilo com a manga na mão. Depois de uma longa pausa, Buda respondeu: "Três vezes, eu mostrei a vocês o segredo da espiritualidade, mas vocês ainda não o veem. A lição de hoje é que se tornem tão doces em seus gestos, em suas palavras e em seus atos quanto esta manga!".[19]

Você está meditando ou ruminando?

Quando alguém me pergunta quanto tempo passo em meditação, eu respondo: procuro meditar o tempo todo, pelo menos enquanto estou acordada. Refiro-me a estar consciente, presente e ciente da presença de Deus ao longo do dia. A oração e a meditação exigem uma comunhão contínua com Deus. Em suas cartas, Paulo nos instruiu: "Ficai sempre alegres, orai sem cessar. Por tudo dai graças, pois esta é a vontade de Deus a vosso respeito, em Cristo Jesus".[20]

Aprender a meditar pode ser muito frustrante para uma pessoa inquieta como eu. O que muitas pessoas chamam de meditação é apenas sentar-se para ruminar e remoer os próprios problemas, tornando tudo pior ao vê-los na grande tela de suas mentes! Não considero essa prática positiva. Há uma grande variedade de técnicas de meditação e de relaxamento. Convido você a experimentar diferentes práticas até encontrar a que lhe é mais apropriada.

Prática: meditação simples

A meditação mais comum consiste em sentar-se de modo confortável com a coluna reta e com um temporizador programado para cinco, dez ou quinze minutos. Feche os olhos e preste atenção em sua respiração. Observe seus pensamentos, mas não os siga; apenas volte a atenção para a respiração depois de cada interrupção de ideias, lembranças, planos ou avisos. Mesmo que isso pareça simples, nem sempre é tão fácil. Seja persistente.

---

19 Ouvi essa história do meu querido mestre Dada J. P. Vaswani.
20 1Tessalonicenses 5,16-18.

Prática: respiração de luz

Uma antiga técnica de meditação do Oriente baseia-se na respiração pelo diafragma. Prestar atenção na respiração favorece muito a meditação, pois ninguém consegue se concentrar nos pensamentos e na respiração ao mesmo tempo. Os espaços em nossos pensamentos são janelas momentâneas para a alma, visto que Deus nos fala através das cortinas do nosso silêncio. Não há hora certa ou errada para praticar meditação, mas é muito mais proveitoso meditar todos os dias quando nos sentimos agitados ou angustiados.

1. Encontre um local tranquilo e tome providências para não ser perturbado. Sente-se com a coluna ereta; se necessário, use uma almofada ou um travesseiro para adotar essa posição. Localize o diafragma, o músculo embaixo das costelas. Sinta-o subir durante a inspiração e baixar durante a expiração. Observe seu estômago subir e descer.

2. Em sua mente, inspire luz. Prenda a respiração por dois segundos, ou pelo tempo que conseguir, para adotar um ritmo harmonioso.

3. Expire pelo nariz. A inalação deve ser um pouco mais curta que a exalação.

4. Visualize o ar subindo e descendo através de um túnel de luz brilhante, purificando todo o seu corpo, desde a base da coluna até o topo da cabeça. Sorria ao terminar a exalação.

5. Você pode guiar sua respiração repetindo o nome da sua fonte de inspiração divina. Por exemplo, se estiver usando o nome de Jesus, diga a primeira sílaba – Je – enquanto inala e "sus" enquanto exala.

Você pode usar o nome ou a palavra inspiradora da sua própria tradição. Procure fazer entre 10 e 108 respirações, conforme suas necessidades, sua habilidade e sua disponibilidade de tempo. Repita essa sequência quantas vezes achar necessário a qualquer momento. Se quiser, use o que achar mais adequado para se concentrar, como um rosário ou um japamala, um colar de contas como o dos hindus e budistas, ou um *tasbih*, as contas de oração muçulmanas. Os cristãos orientais usavam um cordão de oração chamado *komboskini* em grego. As principais religiões concordam que manter o controle das repetições melhora a concentração.

CAPÍTULO 6

Seu serviço

Muitas pessoas entendem o serviço como um caminho para alcançar a felicidade. Embora isso também corresponda à verdade, o verdadeiro serviço não deve ser efetuado como um meio para alcançar algum resultado em particular, seja uma recompensa, a gratidão, o reconhecimento, a admiração, o dinheiro, benefícios e muito menos privilégios. Assim, o serviço deveria ser nosso estado natural em cada momento.

Uma fórmula valiosa para as relações com o seu entorno e com o mundo em geral é perguntar-se: "Como posso ser útil?", "Como posso servir?". O ato de serviço mais autêntico consiste em permitir que Deus o utilize como seu instrumento e trabalhe por seu intermédio. São Francisco de Assis rezava: "Fazei de mim instrumento da vossa paz". Esse instrumento em que você se transforma torna-se, então, a razão do seu ser, o seu propósito e seu sentido de vida. Olhe e observe ao seu redor para ser, ver, viver e servir, lembrando-se das palavras de Madre Teresa de Calcutá: "Uma vida não vivida para os outros não é uma vida". Ou então de Mahatma Gandhi: "Quem não vive para servir não serve para viver". Quando você encontra o seu verdadeiro dom, respeitando a sua natureza, torna-se inevitável expressá-lo.

Perguntaram certa vez a Jaime Jaramillo, "Papa Jaime", ganhador do Prêmio Mundial da Paz por seu grande trabalho humanitário de resgate de milhares de crianças dos esgotos de Bogotá: "Como você suporta entrar no meio de tanta sujeira e fedentina?". Jaime respondeu: "Como não poderia? Como poderia deixar de ajudar uma criança indefesa?".

Um verdadeiro cirurgião não se incomoda com sangue; as crianças não incomodam um professor dedicado do ensino fundamental; números não sobrecarregam um verdadeiro contador. Na natureza, vemos como os camelos não se deixam abater pelo calor do deserto, nem as águias temem as alturas. Eles apenas expressam seu eu natural em qualquer lugar que precisem estar, sem esperar nada em troca. Todo ser senciente nasce em seu elemento. Nem todo pássaro está destinado a ser uma águia, e nem toda pessoa tem aptidão para ser médica.

Todos nós temos um papel a desempenhar na vida. Alguns vêm para ajudar; outros, para curar; outros, ainda, para ensinar, alguns têm o dom de inventar; outros, de organizar; outros, ainda, de construir; há quem tenha vindo ao mundo para comunicar e outros para construir pontes entre as pessoas. Alguns servem na área de saúde, outros servem no instante da doença, mas nenhum dom é melhor ou pior do que outro. É essencial que você descubra seu dom e encontre uma maneira de compartilhá-lo de modo natural com os outros. Como diz muito bem o Papa Jaime: "Se você servir motivado pelo amor, e não pelo pesar ou pelo sofrimento, nunca se sentirá incomodado por ajudar alguém".

Dizendo essas palavras, Jaime ecoa as palavras do Papa João Paulo II: "Ninguém é tão pobre que não possa dar nem tão rico que não possa receber".

Quando você serve aos outros, serve a Deus. Dê de todo o coração, sem se apegar a resultados ou recompensas. Entregue

SEU SERVIÇO

a Deus todo o desejo de ser reconhecido por algum mérito próprio, dando todo crédito a ele.

Quem serve com fidelidade não espera mudar o mundo nem luta contra a guerra; apenas luta a favor daquilo em que acredita, atuando com amor e paciência para alcançar a meta desejada. Rosa Parks não atirou pedras nos racistas. Ela apenas se sentou na cadeira em que tinha o direito de sentar-se, um lugar antes reservado apenas para brancos. Certa vez, um repórter perguntou à Madre Teresa de Calcutá por que ela não participava de manifestações contra a guerra. Ela respondeu: "Nunca farei isso, mas, se você promover uma manifestação a favor da paz, lá estarei".

Para ter condições de ajudar os outros, você precisa, antes, ajudar a si mesmo. Por isso, cuide-se bem, descanse e aprenda a se curar. Quando você estiver saudável, descubra seu dom e preste com naturalidade o serviço que lhe está atribuído.

Oprah Winfrey, renomada personalidade da televisão que dedica sua vida a inspirar outras pessoas, compartilhou esta poderosa oração: "Usa-me, Deus, para o teu plano. Ajuda-me a saber quem eu sou, quem eu quero ser e o que posso fazer, e a aplicar esse conhecimento para um propósito maior do que eu mesma".[21]

Que bonito pedir a Deus que nos torne seu instrumento de maneiras inimagináveis para nós! Oprah conhece muito bem o poder das palavras reunidas numa oração. Sua vida é um exemplo claro de superação pessoal, de realização e de serviço abnegado. Por meio dos seus programas, ela mostrou que uma mulher de origem humilde com uma atitude correta diante da vida pode se tornar um instrumento de serviço como ícone da tevê, inspirando milhões de pessoas a se aprimorar

---

21 "What Oprah Knows for Sure About Finding Success", Oprah.com. Disponível em: https://www.oprah.com/omagazine/what-oprahknows-for-sure-about-finding-success.

CAPÍTULO 7
Seus relacionamentos amorosos

O amor verdadeiro é um bálsamo suave. É a força que rege o Universo e a substância que alimenta todos os nossos sonhos. O amor é beleza absoluta. O amor está em toda parte, é o todo, é a luz e a escuridão, a palavra e o silêncio; é o logos, a natureza e o vento; a rocha e o vazio, o alfa e o ômega, é o espírito que dá vida à própria vida. O amor é um deus.

> O verdadeiro amor é o que você sente
> quando toma consciência de que tudo,
> absolutamente tudo, tem origem em Deus.

O amor verdadeiro não tem ciclos porque é imutável e eterno. Assim, está além das leis do tempo e do espaço. Não podemos recebê-lo dos outros porque ele já vive dentro de nós e não podemos dá-lo aos outros pois ele já vive dentro deles. Por isso, o amor não depende de nada nem de ninguém; só nós mesmos podemos senti-lo em nosso interior. A única maneira de oferecê-lo aos outros é por meio do nosso Eu autêntico. Só poderemos sentir e ao mesmo tempo irradiar o verdadeiro amor se formos "nós mesmos".

A busca de um amor único

Muitos de nós acreditamos na existência de almas gêmeas, e durante toda a nossa vida buscamos esse amor perfeito, esse ser especial que nos ame, nos admire e nos aceite como somos. Esperamos que essa pessoa tenha a mesma missão e os mesmos interesses de vida que nós, que penetre as profundezas do nosso ser e nos entenda sem palavras, sem julgamentos; que sempre nos diga a verdade, que não nos critique, mas, sim, apoie as nossas realizações, que nos ame em nossos piores dias, perdoando nossos erros e esquecimentos; que minimize nossas fraquezas e celebre nossas qualidades; que seja nosso(a) companheiro(a) leal durante os intermináveis meses da velhice e que nos ame, inclusive quando a nossa beleza, os nossos talentos e a nossa vitalidade definharem.

Encontrar esse grande amor é possível. No entanto, antes de buscá-lo fora de nós mesmos, precisamos aprender a vivê-lo em nosso interior, presenteando-nos com o amor que procuramos nos outros, amando a nós mesmos em nossos piores dias, perdoando nossos erros e deslizes; relevando nossos esquecimentos; minimizando nossas limitações e celebrando nossas aptidões e conquistas.

Assim, ao perseverar na busca do seu ser *interior*, do seu eu verdadeiro, e descobrir o *amor-próprio*; ao encontrar a si mesmo, por meio da reflexão, da meditação e da conexão com Deus, você vibrará com todo o amor, o agradecimento e a aceitação, e desse modo será inevitável sentir o verdadeiro amor em sua vida.

Lembre-se: você pode sentir o verdadeiro amor, mesmo que não tenha um parceiro ou uma parceira de vida. Esta é a lei: do modo como você trata a si mesmo e aos outros, assim eles o tratarão.

Nossa alma gêmea

Você se apaixona num instante mágico em que desperta em outra pessoa um sentimento puro de amor incondicional, repleto de novas esperanças e novas possibilidades. A química que provoca o amor à primeira vista deflagra uma verdadeira revolução hormonal de sentimentos involuntários e inexplicáveis. Ainda assim, o amor vai além da química. A centelha do amor pode acontecer em qualquer lugar – e, às vezes, nos momentos mais inconvenientes. O amor é um mistério.

Muitas pessoas passam a vida sonhando em encontrar "aquele único amor", antecipando uma convergência muito esperada com outra alma desperta. Talvez essa alma seja aquela com quem fizemos um pacto quando estávamos no céu, numa promessa de nos encontrar mais tarde em meio a toda a confusão deste mundo. Encontrar esse amor será nossa recompensa final depois de tantas buscas, de todas as decepções, das incompatibilidades descobertas e das dores da solidão. Acreditamos que essa pessoa, nossa alma gêmea, seja a resposta que acabará com nossas experiências passadas de manipulação, nossas exigências irrealistas, nossos deveres e todas as dúvidas que já tivemos. Com essa pessoa, nossa verdadeira companheira, poderemos, enfim, deixar de lado nossos medos e encontrar a liberdade de sermos nós mesmos.

Dada Vaswani, meu querido mestre do Oriente, sempre me dizia que nada está determinado em sua totalidade, mas também me assegurava que tanto o dia em que morremos quanto o dia em que encontramos nosso parceiro na Terra estão predestinados. Por isso, de acordo com essa teoria, sua alma gêmea chegará até você sem esforço.

Em outras palavras, seu companheiro ou sua companheira ideal se revelará quando você entrar em sintonia com ele ou com ela, quando suas personalidades e seus dons se complementarem. Pela mesma lógica, também podemos optar por sair de um relacionamento quando um dos dois tiver aprendido a lição, quando o propósito estiver completo, quando a chama se apagar, quando a admiração e o respeito se perderem ou, claro, quando "a morte nos separar".

A paixão acontece quando se reflete no outro as qualidades que temos, num momento em que o amor se manifesta como pura inspiração e admiração. Podemos dizer, então, que nos apaixonamos por nós mesmos. Apaixonamo-nos pelas qualidades que acreditamos nos faltar, que almejamos ter, ou por aquelas que já temos, mas ainda não conseguimos reconhecer em nós.

Às vezes, o amor é inconveniente. Pode chegar na hora errada ou com um parceiro que não nos parece adequado. O amor está além dos ciclos, além das explicações. Por isso, nunca julgue quem se apaixona, seja qual for a situação. O que são as canções de amor senão lamentos por todos os amores impossíveis e não correspondidos, que não foram feitos para durar?

Amor é amor é amor é amor é amor é amor é amor
é amor, não pode ser morto ou deixado de lado...[22]
– Lin-Manuel Miranda

O verdadeiro propósito dos relacionamentos é possibilitar que cada um dos parceiros seja espelho do outro. Nosso parceiro pode nos mostrar o que falta em nossa vida e nos ensinar a preencher ou sanar essa carência e vice-versa. Todos os nossos relacionamentos têm valor. Podemos aprender, inclusive, com os momentos dolorosos, com os que envolvem ciúme e traição, pois refletem as áreas que precisamos desenvolver.

---

22 Parte de um soneto escolhido no Prêmio Tony, em 2016; escrito pelo autor para sua mulher, Vanessa Nadal, e para as vítimas do massacre de Orlando em 2016, que deixou mais de cinquenta pessoas mortas.

Quando nos tornamos conscientes, percebemos que, para aprender, não é preciso sofrer.

Você se ama?

"Amar a si mesmo" não é apenas um conceito. Quando pergunto a alguém "Você ama a si mesmo?", sempre ouço a resposta "Claro que sim!". No entanto, a nossa vida não mente e nos mostra em seu espelho um reflexo fiel da verdadeira resposta. Se você tem a sensação de que seu(sua) parceiro(a) não o(a) valoriza, desça às profundezas do seu ser e descubra o que não lhe permite valorizar a si mesmo(a). Se você acha que seu(sua) parceiro(a) não está comprometido com você, tente identificar em que aspectos você deixou de se comprometer com a própria vida. O comportamento do outro não é culpa nossa, mas a escolha de ficar ou de ir embora está sempre em nossas mãos. Sem saber, mostramos aos outros como queremos que nos tratem por meio da tolerância que temos ao comportamento deles.

"Ame o seu irmão como ama a si mesmo", diz Jesus, mas preste atenção: você não consegue amar o outro se antes não amar a si mesmo. Você pode amar o outro como ama a si mesmo, sem dúvida, mas, antes, precisa amar a si mesmo.

Amar a si mesmo, no entanto, não significa cair no narcisismo, situação em que o amor-próprio extrapola o eu e chega ao egoísmo extremo. O amor que visa obter algo em troca não é um dom, mas uma transação. Os egoístas amam mais as coisas do que as pessoas. Nossos relacionamentos pessoais e o modo como vivemos refletem as crenças que temos sobre nós mesmos. Como já vimos, uma crença é um pensamento cristalizado que se formou em algum momento de nossa vida, em geral em consequência de um acontecimento específico ou de um pensamento repetido por causa de conclusões falsas baseadas em uma interpretação equivocada.

"As piores mentiras são as que contamos a nós mesmos", escreveu Richard Bach em sua bela obra *Fernão Capelo Gaivota*. Assim como uma alimentação incorreta revela falta de amor pelo corpo, aceitar uma relação tóxica e abusiva demonstra falta de amor-próprio e baixa autoestima. É como se fosse um pedido de socorro. As dinâmicas negativas não são exclusivas dos casais. Maltratar os outros, ignorar seus sentimentos, enganá-los ou mentir também representa falta de amor-próprio, pois uma pessoa que ama a si mesma nunca faria mal a ninguém de modo consciente. Da mesma maneira, maltratamos a nós mesmos quando permitimos que nossos chefes, nossos amigos ou filhos sejam desrespeitosos conosco.

A aceitação de um relacionamento tóxico decorre da ideia de que você não tem valor e não merece respeito.

Vimos como nossas crenças subconscientes atraem pessoas e pensamentos semelhantes. Os pensamentos criam nosso futuro e nossas experiências. As crenças atraem pensamentos da mesma natureza e, de modo inconsciente, também regem nossas decisões e emoções. Por exemplo, se você tem uma crença subconsciente de que não merece amor, suas escolhas e suas consequências refletirão essa mentira. Você não estabelecerá limites saudáveis e, pretenda ou não, concordará, no âmbito subconsciente, com comportamentos ou situações humilhantes que desonram sua essência divina. Os pensamentos não criam a realidade como o seu mestre silencioso, a mente subconsciente. Negligenciar a si mesmo e ao seu corpo, ingerir alimentos prejudiciais, dormir menos do que precisa, trabalhar demais, exagerar nas práticas do sexo e abusar de substâncias tóxicas como álcool, fumo e drogas – esses são os sinais mais evidentes da falta de amor e de respeito por si mesmo.

Muitas pessoas se envolvem, com frequência, em relacionamentos tóxicos porque se sentem confortáveis inseridas nesse contexto. Por exemplo, pode ocorrer uma relação com alguém que abuse de drogas ou de álcool porque a pessoa envolvida se lembra do pai alcoólatra ou da mãe que era dependente química. Com toda a probabilidade, a causa desse comportamento está oculta no passado.

Amor corajoso

Quando vivemos com autenticidade, não é preciso enganar os outros nem esconder quem somos. Numa relação de fato amorosa, podemos expressar com liberdade nossos verdadeiros sentimentos. Há coerência entre nossas ações, nossas palavras e nossos pensamentos. O oposto acontece quando um relacionamento não é íntegro, completo. Nesse caso, os sentimentos genuínos são motivados pela manipulação e pelo egocentrismo.

A pior arma em um relacionamento é o silêncio. Achamos que podemos controlar as situações escondendo nossos sentimentos, como se esconder informações nos desse uma vantagem na relação. Entretanto, a única coisa que nosso silêncio consegue produzir é a interrupção do fluxo de amor para a outra pessoa e também para nós mesmos, pois o outro enxerga através do silêncio.

Uma das barreiras para o amor verdadeiro é evitar a intimidade a todo custo a fim de nos proteger da rejeição. O medo da intimidade assume muitas formas, inclusive a do orgulho. O maior medo que o ser humano sente é o de ser rejeitado, o medo de não ser aceito. Esse temor pode ofuscar qualquer outro medo, até o medo da morte. Por isso, quase todas as decisões que tomamos têm em vista evitar a rejeição. Não obstante, para viver um relacionamento amoroso pleno e honesto, precisamos superar esse medo do abandono. Ser honesto, verdadeiro, aberto, gentil, amoroso e autêntico é a melhor maneira de aumentar o fluxo de amor em sua vida. Você fica vulnerável de fato quando ousa amar, quando arrisca abrir seu coração para o outro, tirando sua armadura e removendo as máscaras que escondem quem você é de verdade.

Só tem coragem de amar quem consegue expressar os próprios sentimentos, relaxar os ombros, olhar direto nos olhos da outra pessoa; às vezes, é preciso apenas esboçar um sorriso e estar disposto a impedir que seu orgulho se imponha aos seus sentimentos. É preciso mostrar quem você é e expressar o que sente. Exponha-se quando estiver com medo, desconfortável, triste ou inseguro, pois você tem o direito de sentir o que sente. Partilhar o que sente com seu parceiro ou sua parceira não é sinal de fraqueza, mas de coragem. Ouvir o que seu parceiro ou sua parceira tem a dizer sobre o que está sentindo também é um ato de coragem.

Amar com os pés na terra

Um sábio disse, certa vez: "Nenhuma pessoa é perfeita até que você se apaixone por ela". Expectativas saudáveis e limites sensatos fazem parte da nossa vida amorosa, revelando nosso nível de amor-próprio. Expectativas irrealistas podem carregar consigo a semente da decepção, o que não nos impede de esperar atitudes razoáveis de respeito, compromisso, autenticidade e honestidade por parte da pessoa amada. Merecemos receber amor na mesma medida em que o damos.

Num relacionamento tóxico, porém, esse equilíbrio se desfaz. Nesse caso, no início da relação, é comum haver um filtro que neutraliza e justifica muitos sinais de alerta de possíveis problemas que deveriam ser vistos no outro. O medo de perder o amor do outro, as exigências que fazemos e a esperança de que o outro se comporte como desejamos são fatores que prejudicam e enfraquecem o amor. Adiar um contato de natureza sexual, nesse caso, pode ser recomendável não só por causa da dimensão moral envolvida, mas também porque a consequência pode gerar apegos doentios antes que a nossa razão consiga se impor.

Nos estágios iniciais de uma relação tóxica, é comum darmos a entender que não temos condições a impor e aceitar todos os comportamentos da pessoa que imaginamos amar. Nessa fase, não vemos a pessoa do modo como ela é, mas, sim, do jeito que a idealizamos ou da forma como acreditamos que ela possa vir a ser. Mas o fato é que não podemos nos apaixonar por uma pessoa fictícia, idealizada por nós.

Vemos os sinais emitidos, mas os justificamos. Ouvimos as preocupações de amigos e familiares, mas não lhes damos atenção. Se fecharmos os olhos para a verdade, daremos a chave do nosso coração, adoraremos o ser desejado e nos adaptaremos de modo inconsciente para sermos aceitos e amados, ou então nos transformaremos em salvadores do outro. No entanto, com o tempo, veremos o(a) parceiro(a) cair do pedestal onde o(a) havíamos colocado e, então, saberemos quem ele(a) de fato é.

Relacionamentos apaixonados podem oscilar do extremo do amor ao extremo do ódio, às vezes em pouquíssimo tempo. Quando isso acontece, de repente enxergamos as imperfeições do outro. Ficamos ressentidos quando percebemos que ninguém pode nos dar o que não conseguimos dar a nós mesmos. Com certeza, sempre ocorre uma crise depois disso, com o inconveniente adicional do apego, que é a experiência de temer a perda do que, por engano, pensávamos ser a única fonte da nossa felicidade. Mas podemos vencer nossos medos tendo consciência de que ninguém deve ter controle sobre nosso poder de amar ou de ser feliz, a não ser com o nosso consentimento.

O oposto ocorre numa relação saudável, quando chegamos a um ponto intermediário em que enxergamos o outro como ele de fato é, não do modo que gostaríamos que fosse.

É nesse momento que podemos decidir se essa relação é, na realidade, a melhor opção para os dois. Nós só podemos encontrar a plenitude do amor depois de vencer as águas turbulentas do romance e chegar com segurança às águas tranquilas do amor verdadeiro. Isso acontece quando decidimos ir além da fase da paixão, os primeiros momentos, quando a ilusão nos confunde com suas armadilhas e nos deixa cegos.

O amor verdadeiro só se revela depois de ultrapassar as montanhas da paixão, da ilusão e dos hormônios efervescentes, cujo ímpeto dura pouquíssimo tempo, para, enfim, chegar ao vale da realidade, onde triunfa o amor com os "olhos abertos", como bem descreveu Jorge Bucay em um de seus livros. O amor que transcende só se revela após o término da fase inicial da paixão, e só podemos desfrutá-lo quando chegamos a uma relação estável, que avança navegando os ritmos do tempo e os altos e baixos dos ciclos da vida. Virtudes como honestidade, integridade, dedicação, compaixão, cortesia, ternura, humor e paciência nos dão forças para superar a rotina da convivência e, assim, dar passagem a um amor que continua crescendo, amadurecendo, transformando-se e se aprofundando cada vez mais na verdadeira essência do amor até, por fim, operar uma verdadeira fusão de almas.

> *Há amor maduro quando duas almas se unem*
> *com tanta intimidade que a individualidade de cada*
> *uma passa a brilhar com mais intensidade do que*
> *cada uma das almas brilharia se*
> *tivesse permanecido sozinha.*[23]

Para que um relacionamento amoroso seja duradouro, antes precisamos, nos apaixonar por valores do outro que

---

23 Para conhecer com mais profundidade a teoria do amor maduro, sugiro ler a obra de Eric Fromm.

também sejam permanentes. Se você se apaixonar por um corpo, um sobrenome, um poder, uma posição social, uma conta bancária ou uma profissão, tenha consciência de que essas coisas mudam ou acabam, e, então, o que você considerava amor verdadeiro acabará junto com elas. Um amor que está em constante crescimento – transformando, amadurecendo e se aprofundando na verdadeira essência do amor em si – o levará, de modo inevitável, a uma fusão real de almas. O amor eterno não se baseia num sentimento, mas, sim, numa escolha diária; esta é a verdadeira definição da palavra compromisso.

Preservando o centro do amor

Uma das leis fundamentais do Universo é a lei da polaridade. No mundo físico, tudo é negativo e positivo, preto e branco, quente e frio, yin e yang. O segredo está em viver em equilíbrio – o que Buda chamou de caminho do meio.

A vida é uma longa batalha para permanecer no centro. A própria palavra grega original para pecado, hamartia, significa errar o alvo, como no esporte de arco e flecha. De modo geral, o primeiro sintoma de desequilíbrio em qualquer área da vida é sentir-se fora do centro. É essencial saber discernir as qualidades positivas e negativas do nosso parceiro ou de nossa parceira e entender que mesmo uma qualidade que parece positiva pode se tornar um problema no futuro. Exemplo típico de uma situação assim é quando um dos componentes do casal é muito apegado aos pais. É um traço admirável no início, mas que, se levado ao extremo, pode comprometer a intimidade do casal.

O equilíbrio de um casal nas sete áreas do portfólio da vida pessoal – corpo e saúde, abundância, espiritualidade, serviço, relacionamentos amorosos, família e propósito verdadeiro – é essencial para criar harmonia. Às vezes, acordos antigos precisam ser revisados e novos acordos devem ser combinados.

Muitos pactos ocultos no inconsciente, fortalecidos pelo hábito ou pela rotina, precisam ser analisados e reavaliados de tempos em tempos, pois os relacionamentos não são estáticos. Também é importante aprender a perdoar e tolerar as diferenças um do outro, considerando que nunca encontraremos alguém livre de defeitos, visto que todos nós temos falhas.

A verdadeira liberdade no amor

A liberdade consiste em livrar-nos da necessidade de impor aos outros determinadas formas de comportamento. Quando alguém não nos agrada mais, a nossa tendência é nos decepcionar. Só quem não alimenta falsas expectativas é capaz de amar e ser amado de verdade. Se nossos estados de irritação e tristeza ou de felicidade e paixão dependessem dos outros, seríamos como navios à deriva. Seja o que for que alguém possa dizer ou fazer contra você, ninguém tem o poder de levá-lo a sentir-se de uma determinada maneira. Só você pode decidir o que deve aceitar, acreditar e experimentar – seja este sentimento positivo ou negativo.

O oposto da liberdade é o apego – o medo de perder algo que acreditamos ser vital e insubstituível para nossa sobrevivência. Como ensinou Buda, o apego é a principal causa do sofrimento. O desapego excessivo, porém, pode levar à apatia e à indiferença, o que também é tóxico. Apego e indiferença são dois lados da mesma moeda. Apego, amor, indiferença e ódio são aspectos da mesma energia. Se usássemos o critério da temperatura, poderíamos dizer que o desapego seria tão frio quanto uma geleira, e o apego tão escaldante quanto um deserto. O verdadeiro amor, por sua vez, é como a brisa refrescante num ameno dia de primavera.

Todos nós temos apegos a diferentes coisas. Algumas pessoas são desapegadas do amor, mas se apegam ao dinheiro, trabalhando de modo obsessivo para mantê-lo e aumentá-lo. Outras são desapegadas do dinheiro, mas obcecadas pelos filhos; por exemplo, mães cuja vida gira em torno das conquistas dos filhos. Algumas pessoas são apegadas à fama, ao reconhecimento, aos seus ideais, à pena que sentem dos outros ou de si mesmas, chegando ao extremo de prolongar uma doença para continuar recebendo atenção. Outras, por sua vez, são apegadas ao rancor e ao ressentimento, e outras, ainda, ao sofrimento; e a lista continua. Tendemos a nos apegar a tudo o que definimos como fonte insubstituível de prazer, por segurança ou hábito, seja de modo consciente ou inconsciente.

O problema, nesses casos, está no fato de que o apego pode comprometer a capacidade de ver as coisas como são na realidade, pois o medo de perder algo, inclusive a razão, leva as pessoas a justificar tudo para manter e não perder o que acreditam ser indispensável. Por outro lado, o desapego ensinado pelas filosofias orientais culmina no desprendimento, que implica manter-se consciente e ter a capacidade de sustentar uma posição neutra, saudável e objetiva em relação ao desfecho de qualquer acontecimento.

Vínculos necessários

Há apegos saudáveis e necessários na natureza, como o vínculo entre mãe e filho. Assim como a união entre um cervo e sua mãe pode salvar a vida do filhote na floresta, do mesmo modo nossa relação com Deus é essencial para nossa sobrevivência. À semelhança do cervo indefeso, esse vínculo impede que nos extraviemos e que sejamos vítimas de predadores.

O apego saudável é um compromisso voluntário de reconhecer valores reais, como o valor da vida, um grande amor, outro ser humano e seus sentimentos, integridade, direitos universais e princípios inegociáveis. O desapego extremo beira a indiferença e é destrutivo não só em um relacionamento amoroso, mas também em todas as outras áreas da vida. Os sociopatas são reconhecidos por não serem capazes de sentir empatia. Os seres humanos não conseguem sobreviver sem relações saudáveis. A verdadeira liberdade no amor resulta de saber que nada neste mundo é permanente, que não podemos nos apegar a nada por muito tempo. Tudo nesta Terra é temporário e passageiro, inclusive a nossa vida. Essa é a natureza do nosso mundo físico.

> A *única constante é a mudança... Ninguém se banha duas vezes no mesmo rio.*
> – Heráclito, filósofo grego

As pessoas também mudam. Por isso, não é lógico estabelecer uma comparação com o modo como alguém se comportava no passado. Não podemos controlar as ações e as escolhas dos outros, sobretudo quando as mudanças são inesperadas, como um rompimento ou alterações súbitas do comportamento de alguém em relação a você. Não faz sentido depender de qualquer coisa fora de nós mesmos, pois não conseguimos resistir às correntes da mudança. Só podemos escolher como reagir frente aos imprevistos que acontecem em nosso entorno.

Limites saudáveis no amor

O verdadeiro amor se contenta com a simples lembrança da existência e da felicidade do outro, mas nunca em detrimento de si mesmo, pois está implícito que o outro também ama a si mesmo e tem dignidade e respeito próprios. Silêncio punitivo, abuso físico ou emocional, luxúria, drogas, alcoolismo, jogos de azar, sexo desvairado, egocentrismo, infidelidade, desonestidade, humilhação e falta de respeito por si mesmo ou por outros jamais são negociáveis. Por isso, é correto afirmar que nem todo relacionamento dura para sempre.

A convicção religiosa de permanecer junto para sempre, aconteça o que acontecer – apesar dos maus-tratos ou da falta de amor – é a principal razão pela qual muitas pessoas continuam numa relação abusiva ou sem amor. Isso se aplica de modo especial às mulheres. As mulheres têm medo da reprovação social, da instabilidade financeira, da solidão e do abandono. O medo pode levar algumas mulheres a se manter numa relação tóxica ou abusiva por causa dos filhos ou de pressões sociais. Casais que continuam juntos movidos por sentimento de culpa, e não por amor, em geral encontram outros subterfúgios, como muitas horas no trabalho, novos interesses ou até mesmo outros relacionamentos. Vários motivos podem levar à infidelidade, como, por exemplo, a solidão, a insatisfação pessoal, o medo de contrariar a sociedade, entre outros. Muitas pessoas chegam a justificar sua infidelidade como modo de permanecer no relacionamento.

Em relacionamentos mais recentes, diversos aspectos, como as mídias sociais e a falta de limites claros, podem atrapalhar a relação, permitindo novos contatos e estimulando interesses amorosos paralelos. É possível apaixonar-se por outra pessoa durante uma relação; no entanto, amor e fidelidade andam de mãos dadas com força de vontade e verdade. No caso do inevitável, precisamos fazer novas escolhas com base numa perspectiva geral do relacionamento, não em algum evento particular. Se vale a pena manter o relacionamento, precisamos aprender a perdoar, ou, melhor, pedir perdão a nós mesmos. Somos apenas humanos. Por isso, é melhor ter um relacionamento curto, mas autêntico, do que um relacionamento longo sem compromisso, amor ou lealdade. Não se prive da oportunidade saudável de renegociar condições aquém do ideal para que sua relação possa se prolongar no tempo.

Em muitas situações, os casais concordam em manter a liberdade total, ficando livres para desfrutar a companhia de outros parceiros. Há muitos acordos atuais que não são relacionamentos, mas parcerias no prazer. Prazer e amor são sentimentos diferentes. Uma relação com base apenas no prazer dificilmente alcança seu maior potencial como verdadeira intimidade. Com muita frequência, o relacionamento se torna uma transação egoísta com benefícios físicos, emocionais ou financeiros convenientes. No fim, uma das partes – ou, em geral, ambas – acaba sendo prejudicada.

> O amor verdadeiro procura todas as formas possíveis de dar; a luxúria, por sua vez, procura de todas as maneiras ganhar.
>
> – Padre Bernard Ligoria

Quando é melhor separar-se

Numa relação amorosa verdadeira, as duas pessoas estão satisfeitas consigo mesmas, sem estabelecer exigências nem alimentar expectativas uma em relação a outra, porque sabem que a felicidade não depende de si mesmas. Além disso, são honestas quanto a transigir ou não, visto que nem tudo no amor é incondicional. Há limites saudáveis, pois, ao contrário do que apregoam algumas crenças, nem tudo é justo no amor. Ninguém deve aceitar de modo incondicional ações incompatíveis com seus princípios. Se o seu parceiro a ofende, a menospreza, não a valoriza ou a deixa constrangida, empenhe-se em descobrir a causa e, em caso de abuso, procure ajuda. A violência não é apenas física. Ouça sempre sua intuição. Se algo lhe parecer suspeito, tem toda a probabilidade de ser mesmo.

Peça a Deus ajuda para desistir de uma relação que perdeu a base do respeito mútuo. O amor não deve ser tratado com leviandade; a era da gratificação instantânea, das escolhas e dos encontros rápidos tornou os relacionamentos amorosos substituíveis. Embora o amor nem sempre dure (*até que a morte os separe*), devemos fazer tudo o que estiver ao nosso alcance para preservar um vínculo amoroso baseado no respeito e no amor verdadeiro. No entanto, se o seu parceiro resolver, por exemplo, aderir a uma ideologia extremista distante da sua (ao neonazismo, digamos) ou quiser viver com outra pessoa, você não precisa manter a promessa de um compromisso por toda a vida.

O amor verdadeiro não tenta segurar alguém que escolheu seguir outro caminho. Se você tentar prender uma pessoa num relacionamento, vai apenas a impedir de crescer e de encontrar a felicidade que ela almeja. Ao mesmo tempo, vai negar a si mesmo o direito de também encontrar o seu caminho. Não podemos deter a pessoa amada nem controlar a intensidade e a duração do amor que desejamos, do mesmo modo que não podemos interromper o fluxo de um rio.

Na realidade, o amor não morre, mas pode mudar e se transformar. Por exemplo, se as pessoas conseguem superar o ressentimento causado pela separação, podem se tornar amigas, do mesmo modo que duas pessoas amigas podem acabar se apaixonando. Na pior das hipóteses, duas pessoas que se amam também podem terminar como inimigas. Amor e ódio são qualidades extremas da mesma energia.

Prática: acolhendo o amor verdadeiro

- **Identifique seus pensamentos negativos.** Em seu diário, comece identificando as crenças negativas que você pode ter em relação aos relacionamentos amorosos. Crenças como "eu não mereço" ou "todos os homens/mulheres são iguais", "amar é sinônimo de sacrifício e sofrimento", "se eu amar alguém, vou perder minha liberdade" ou "meu único amor verdadeiro é _____ (preencha a lacuna)". Essas crenças são fontes silenciosas de profecias de solidão autorrealizáveis. Faça uma lista de todos os demais pensamentos que você tem sobre relacionamentos amorosos. Registre todos os argumentos passados e presentes que surgem em sua mente. Em sua maioria, pensamentos negativos são lições que você aprendeu durante as diversas fases do seu desenvolvimento, em geral vindas dos pais e da sociedade. Quando você identifica o processo de pensamento distorcido, ele começa a perder seu poder.

- **Peça a Deus por seu parceiro.** Apenas peça a Deus. Às vezes, pensamos que o que queremos é ter um parceiro, mas, no fundo, temos medo de pedir a Deus porque talvez tenhamos sido magoados no passado e não estejamos dispostos a correr o risco de sofrer de novo. Se não estiver pronto(a) para pedir, você pode dizer as palavras mágicas: *Deus, estou com medo, mas confio em ti e estou disposto(a)...* Acredite de verdade que, entrando em sintonia com o plano de Deus, ele lhe mostrará o(a) seu(sua) parceiro(a) perfeito(a) no momento certo para ambos. Lembre-se de que seu(sua) futuro(a) parceiro(a) também deve estar disponível e preparado(a).
- **Entregue seus relacionamentos amorosos a Deus.** Às vezes, não estamos dispostos a nos entregar porque estamos apegados a alguém que amamos no passado. Talvez tenhamos inclusive feito uma promessa silenciosa a essa pessoa. Quando nos deixamos guiar apenas pelo coração, perdemos a capacidade de ver todos os lados de uma situação. Se não conseguirmos ver com clareza, poderemos escolher o parceiro errado, causando sofrimento aos outros e a nós mesmos. Do mesmo modo, se usarmos a mente sem o coração, poderemos ignorar a pessoa certa, deixando que as aparências nos guiem. Entregue seus

relacionamentos amorosos a Deus. Nem sempre é fácil, mas só ele sabe o que é melhor para você.
- Se estiver em dúvida, entregue a pessoa que você ama à vontade de Deus. Conforme o que está escrito no livro *Um Curso em Milagres*, podemos, de um modo simbólico, colocar essa pessoa no altar de Deus, onde habita o Espírito Santo. Se essa pessoa tiver de fazer parte de sua vida, ela voltará renovada. Se não for esse o caso, com o tempo, Deus lhe mostrará por que é necessário abrir mão da relação de maneira harmoniosa e indolor. Devemos estar dispostos a ouvir.
- **Esqueça e invoque a vontade de Deus.** Declare a Deus que você só deseja que a vontade dele seja feita. Diga: *Não quero nada nem ninguém que não queiras para mim*. Faça uma declaração corajosa. Às vezes, esquecer é a única solução sensata. É fundamental deixar que a vontade divina prevaleça sobre seus desejos. Assim, você será capaz de olhar para a situação com objetividade. Caso contrário, seu desejo pode interferir no seu bem, chegando inclusive a justificar comportamentos inaceitáveis. Muita coragem e desapego são necessários para essa declaração de confiança. Se você esquecer, a verdade sempre se revelará e milagres acontecerão em suas relações.

Novos papéis nos relacionamentos

Mudanças significativas estão ocorrendo no que se refere às nossas crenças sobre o melhor modelo para um novo relacionamento amoroso. No passado, os homens eram os únicos provedores. Esperava-se que as mulheres fossem submissas e tivessem como única ambição ficar em casa, o que, em muitos casos, significava sacrificar o desejo de desenvolver suas habilidades e de buscar seu propósito de vida. Através dos tempos, homens e mulheres passaram a ter papéis diferentes na cultura e na sociedade. Durante as guerras, por exemplo, os homens iam para o campo de batalha enquanto as mulheres trabalhavam fora de casa. Em cada época, homens e mulheres desempenharam funções diferentes. Às vezes, as tarefas eram necessárias para a sobrevivência, mas, por tradição, os homens representavam o papel do sexo dominante, fazendo com que as mulheres tivessem de lutar por seus direitos. A religião tem sido a principal patrocinadora do patriarcado e da misoginia, mas isso está mudando. Por exemplo, a Bahá'í, uma religião relativamente nova (de meados do século XIX), mas muito respeitada, originária da Pérsia (hoje, Irã), promove a igualdade para as mulheres. Esta citação Bahá'í expressa bem o que seus seguidores pensam:

A humanidade é como uma ave com suas duas asas –
uma é macho, a outra, fêmea.
A menos que ambas sejam fortes e impelidas por alguma força
comum, a ave não consegue voar para o alto.
De acordo com o espírito desta era,
mulheres devem avançar e cumprir sua missão em todos
os setores da vida, tornando-se iguais aos homens.
Elas precisam estar no mesmo nível que os homens
e gozar de direitos iguais.[24]

De acordo com os novos papéis do casal, cada parte tem um compromisso verdadeiro com o outro, sem perder sua individualidade. Não depende do outro para ser feliz e não tem apego nem medo de perder o parceiro. Mas tampouco está tão desapegada, tão alienada e tão distante da outra pessoa a ponto de anular o sentido do que é uma relação autêntica, pois, se assim fosse, seriam dois estranhos separados, unidos apenas por conveniência, necessidade ou medo da solidão.

---

24 Abdu'l-Bahá num congresso da Liga da Liberdade Feminina em Londres, em janeiro de 1913.

Em geral, os homens sofrem pressões pelo que a sociedade espera deles. Quando uma parceira entende que seu companheiro é o único provedor e guardião do *status* social, essa concepção se torna fonte importante de estresse. Os acordos e valores de um casal devem ser definidos no início do relacionamento e discutidos e revisados sempre que necessário.

Uma relação entre duas pessoas é sagrada. O ser humano que você escolhe como companheiro de vida não é um prêmio, um troféu para ostentar, uma posse ou um modo de afastar a solidão. Sua parceira não existe para fazer você se sentir seguro, para trabalhar como sua serva ou para atender às expectativas da sociedade. Deve haver união entre dois seres humanos íntegros, conscientes, independentes e autênticos que decidem estar juntos com um objetivo comum ou individual de amor, de crescimento espiritual, de realização, de serviço, de fruição da vida. Além disso, devem dar apoio espiritual às suas famílias e ajudar os demais membros da sociedade com suas qualidades individuais ou comuns.

O autor Gary Zukav expressou esse conceito de maneira brilhante quando fez a distinção entre uma parceria espiritual – aquela em que os parceiros concordam em ficar juntos para se ajudar a crescer no âmbito espiritual e alcançar o poder verdadeiro – e a outra cujo único propósito é o conforto físico e a segurança. Zukav não apenas escreveu sobre uma parceria espiritual, mas incorporou o melhor exemplo com sua parceira de vida, sua amada, a falecida Linda Francis.[25]

No fim, todo anseio de amor incondicional nada mais é do que um reflexo do nosso desejo de nos tornar um com a nossa fonte. Como um bebê anseia pelo abraço da mãe, todos nós almejamos retornar ao abraço da Grande Mãe Universal. Nesta Terra, podemos ter um vislumbre dessa unidade vivendo uma relação amorosa sadia.

---

25 Gary Zukav. *Spiritual Partnership*. Nova York: Harper One, 2011, p. 86.

CAPÍTULO 8
Sua família

A família – seja qual for o conceito que tenha dela – define os seus valores, e as suas relações dentro dela são o primeiro modelo para uma existência mais feliz ou mais infeliz. Constituída tanto de duas quanto de vinte pessoas, uma família com sólida estrutura, alicerçada no amor e na aceitação, é o ambiente mais propício para o desenvolvimento e o fortalecimento da saúde emocional de uma pessoa. As modalidades de família são inúmeras, e todas são válidas, pois refletem as realidades da nossa sociedade em seu estágio atual de evolução. Por exemplo, existem mães solo e pais solo. O novo conceito de família não inclui apenas um homem e uma mulher. Os direitos da família devem ser protegidos, e isso independe de crenças pessoais ou da religião. Amor é amor. Um problema muito recorrente é o das pessoas que procuram se adaptar às normas e sofrem ao perceber que não conseguem. Quando de fato aprendermos a valorizar a nós mesmos e aos outros, seja qual for o nosso gênero ou nossas escolhas, viveremos como seres íntegros, pessoas que não precisam se ajustar às expectativas dos outros para serem aprovadas.

No passado, as famílias trabalhavam juntas para o bem comum da aldeia. Hoje, no entanto, a maioria das pessoas se dedica quase com exclusividade ao atendimento das necessidades dos seus familiares imediatos. Esquecemo-nos das palavras "Eu era forasteiro e me recolhestes...";[26] então, uma pessoa que não pertence ao nosso círculo familiar próximo é considerada um estranho. Chegará o dia, porém, em que todos os habitantes do planeta constituirão uma única e imensa família universal.

Um novo homem e uma nova mulher

Pode-se medir o nível de evolução de uma sociedade pela igualdade de direitos e decisões assegurada às mulheres. No âmbito histórico, as mulheres eram, em geral, consideradas inferiores, sobretudo em decorrência da interpretação errônea das escrituras religiosas e da história da criação. O modelo arcaico, reforçado por essas interpretações errôneas, continua a justificar a desigualdade e a amenizar o abuso de mulheres. Ainda há mulheres cheias de medo e culpa que decidem seguir a voz do coração. Muitas estão sujeitas a abusos e maus-tratos por parte de parceiros do sexo masculino que têm controle financeiro e emocional sobre elas, e as leis que protegem a igualdade de direitos das mulheres, inclusive referentes à igualdade salarial, ainda não foram ratificadas na maioria dos países.

À nova mulher cabe um papel de liderança nas gerações atuais e futuras. As mulheres hoje estão mais livres para seguir sua intuição e participar da vida pública, ao mesmo tempo que equilibram suas responsabilidades naturais de mulher e mãe. Isso não significa, contudo, que se tornarão o *novo homem*. Cada gênero deve respeito à sua própria natureza. Às vezes, em casos de conflito entre os desejos de progredir na carreira e ficar em casa, o que as mulheres consideram como direitos torna-se uma

---

26 Mateus 25,35.

desvantagem. Nestes tempos de desafios financeiros crescentes, as mulheres precisam contribuir com a renda familiar. Em geral, as mães pobres não têm condições de ficar em casa com os filhos. No entanto, alguns países mais avançados protegem as mulheres no plano financeiro para que possam ficar mais tempo em casa com os filhos.[27]

De preferência, as mães devem ficar com os filhos durante seus primeiros anos de formação. Para a educadora Maria Montessori, as crianças absorvem tudo o que constitui seu ambiente antes dos 6 anos de idade. Por sorte, há em nossa época muitas opções para trabalhar de casa ou conseguir um emprego com horário flexível. Tive a felicidade de ficar em casa e educar minha filha durante seus primeiros anos. Essa foi a minha alternativa preferida. Claro, mães que não têm escolha, ou que optam por trabalhar enquanto criam seus filhos, também são amadas e admiradas por seus filhos e filhas. Os desafios surgem quando há conflito entre o que "queremos" fazer e o que "pensamos" que *deveríamos* fazer de acordo com o nosso gênero. É bastante comum encontrar mulheres com sentimento de culpa por trabalhar fora e outras tantas por preferir ser donas de casa. Quer a mulher decida trabalhar em casa ou fora, ela está sempre contribuindo para a sociedade. Quando uma mulher pode e deseja ficar em casa, deve ser apoiada. As escolhas das mulheres devem ser respeitadas.

Há um tempo para tudo – um tempo para criar filhos e um tempo para oferecer as próprias aptidões ao mundo. O

---

27 Em 2016, o Fundo das Nações Unidas para a Infância (Unicef) analisou a duração da licença parental remunerada para mães e pais e a disponibilidade de creches infantis em 31 países europeus. Estônia, Portugal, Alemanha, Dinamarca, Eslovênia, Luxemburgo e França ficaram entre os dez primeiros. Consulte "Os melhores países nórdicos para famílias jovens, Alemanha entre os dez melhores – Relatório do Unicef" (Nordic Countries Best for Young Families, Germany among Top 10 – UNICEF Report), 13 de junho de 2019. Disponível em: https://www.dw.com/en/nordic-countries-best-for-youngfamilies-germany-among-top-10-unicef-report/a-49169343.

importante é respeitar a vontade individual da mulher. Em se tratando de carreira e família, muitas mulheres ficam divididas, num grande conflito interior, tanto que muitas optam por adiar a gestação ou apenas resolvem não ter filhos. Em muitos países desenvolvidos, a taxa de natalidade está no nível mais baixo de todos os tempos, seja por razões políticas, considerações financeiras ou preocupações climáticas. Eu hesitei bastante antes de decidir ter filhos e só me tornei mãe mais tarde. Mas, para mim, ser mãe foi a melhor decisão que tomei na vida. Cada mulher deve respeitar suas necessidades nas diferentes fases de sua vida e encontrar o próprio equilíbrio, algo que só ela pode fazer por si mesma. Do contrário, não conseguirá desfrutar nem de um papel nem de outro. Há um momento perfeito para tudo; é questão de respeitar e identificar suas necessidades interiores.

Essa busca interior pode ser efetuada de um modo mais fácil com a prática do silêncio, da meditação e da comunhão com Deus. Você pode ter tudo, mas terá de decidir se pode ser tudo ao mesmo tempo.

A criação dos filhos

Quando somos bebês, tudo o que fazemos é ser. Nos primeiros anos, nosso único trabalho é expressar nosso eu verdadeiro. Como recém-nascidos, temos a experiência do mundo como puro amor, vivendo num presente eterno sem consciência de separação. Num ambiente saudável, em que o amor é oferecido de modo livre, os bebês sabem por si mesmos que fazem parte do todo. Eles vivem e são nutridos por sua união com a mãe.

O nascimento é natural, mas, com frequência, é tratado como se fosse uma emergência médica ou uma doença. As instalações médicas interferem no processo natural de vínculo entre mãe e bebê em consequência da falta de atenção e cuidado. O corpo minúsculo não é apenas um punhado de reflexos involuntários, mas um ser humano que sente, chora e tem memória.

A equipe médica não considera que o recém-nascido é uma alma muito desenvolvida que chegou para realizar sua missão na Terra. Substituir braços amorosos por um balanço ou um contato face a face por tempo de tela — essas e outras novas invenções não podem substituir o toque humano. Os seres humanos são a criação mais sofisticada do planeta. Não vamos comprometer o desenvolvimento humano adulterando um mecanismo perfeito que foi projetado de um modo especial por Deus. Logo depois do nascimento da minha filha, servi no conselho de diretores do Baby-Friendly USA Hospital e colaborei com essa bela iniciativa do Unicef por muitos anos. Na época, fiquei admirada ao conhecer pesquisadores que trabalhavam na reformulação dos cuidados à maternidade, entre eles o falecido doutor Marshall Klaus, que, com sua esposa Phyllis, fundou a DONA International, a primeira iniciativa de *doula*.[28]

O doutor Klaus também apresentou uma pesquisa sobre os benefícios do contato pele a pele, que agora faz parte dos protocolos hospitalares do Unicef e da OMS "Dez etapas para uma amamentação bem-sucedida". A promoção de uma experiência de parto saudável inclui dar à luz sem intervenções desnecessárias e evitar a separação do bebê, ao mesmo tempo que proporciona amor, tempo e apoio à mãe com segurança. É uma experiência sagrada que deve ser abordada com reverência. Com o trabalho de pesquisadores como esses, aprendi que, para garantir a sobrevivência saudável do ser humano, precisamos voltar com urgência às opções naturais recomendadas e evitar práticas desnecessárias que interfiram[29] no processo natural de vinculação.

---

28 "Doula" em grego significa "mulher que serve". Uma profissional cuja função principal consiste em fornecer apoio físico, emocional e informativo contínuo a uma mãe antes, durante e depois do parto com o objetivo de ajudá-la a ter a experiência mais saudável e satisfatória possível. Ver https://www.dona.org/what-is-a-doula/.

29 Para mais informações sobre as etapas da iniciativa do Unicef Baby Friendly Hospital, visite https://www.unicef.org/nutrition/files/BFHI_Case_Studies_FINAL.pdf.

O doutor Klaus desenvolveu estudos que demonstraram à comunidade médica as vantagens óbvias de seguir a sabedoria da natureza. Por exemplo, é importante não separar mãe e filho. Se possível, o bebê e a mãe devem ter contato pele a pele total durante a primeira hora após o nascimento, quando o vínculo afetivo químico e espiritual é intensificado por meio dos sentidos do bebê.

A mamadeira só foi apresentada à humanidade depois do século XIX e se tornou um hábito por gerações, até hoje. A amamentação é a experiência mais bela de todas, pois consiste em nutrir o bebê de todas as maneiras. É um processo natural. O objetivo da saúde mundial deveria ser favorecer uma escolha natural em detrimento da comercialização, desse modo retornando às nossas origens naturais.

Algumas condições clínicas e psicológicas podem impedir ou dificultar a amamentação por parte das mães, inclusive, em alguns casos, daquelas que sofreram abuso sexual. Muitas vezes, no entanto, a incapacidade de amamentar é causada por má administração médica, falta de pessoal qualificado e de treinamento, por informações erradas ou apenas por causa do marketing agressivo da "fórmula". Numa época de mudanças climáticas e desastres naturais, devemos considerar como as mães que amamentam poderiam ser um benefício durante uma emergência natural, talvez até como meio de sobrevivência para seus bebês e para si mesmas, pois sempre teriam um suprimento de comida pronto. Mesmo em estado de desnutrição, uma mulher que amamenta pode continuar alimentando seu bebê; faz parte da natureza dela. A sobrevivência da espécie deve ser uma prioridade. Não obstante, a amamentação é uma escolha da mãe; bastaria que a equipe médica que a assiste apresentasse evidências científicas. No entanto, se a mulher decidir não amamentar, não é preciso sentir culpa.

Até os 7 anos de idade, as crianças vivem num mundo de sonhos, conectadas por completo à sua essência divina. Elas veem o mundo através da imaginação. É um erro interromper esse estado de pensamento imaginativo para trazer a criança à realidade adulta de fatos e esforços extenuantes no aspecto intelectual antes do tempo adequado. Permita que sejam crianças repletas de encanto, criatividade e exploração imaginativa. Muitos especialistas hoje confirmam o que educadores infantis holísticos descobriram um século atrás: tudo indica que estamos com pressa de acabar com a infância. Algumas pesquisas mostram que as crianças se beneficiam e, de fato, preferem brinquedos simples, como pedras, blocos, madeira ou pedaços de tecido[30] e bonecos feitos à mão aos quais elas podem dar vida com suas fantasias e com a imaginação. Por exemplo, alguns retalhos de tecido podem ser transformados numa roupinha, ou um pedacinho de madeira, num navio. Itens simples assim, em geral se tornam os brinquedos favoritos das crianças. Precisamos incentivar as crianças a observar e mergulhar na natureza sem se preocupar em dar explicações racionais ou competir. Apenas deixe-as experimentar e descobrir seu novo ambiente por conta própria, guiadas por sua curiosidade, sem a interrupção de um *tablet*. É simples assim: é urgente deixar a criança ser criança.

Talvez a imaginação seja apenas a
inteligência se divertindo.
– George Scialabba

Orientação amorosa

Rosa Barocio, autora de *Discipline with Love*, nos alerta dizendo que os pais de hoje estão cometendo um erro grave ao evitar a aplicação de disciplina, talvez num ato de reprovação do modelo

---

30 "Simple Retro Toys May Be Better For Children Than Fancy Electronic Toys", ScienceDaily (ScienceDaily, 26 de novembro de 2007). Disponível em: https://www.sciencedaily.com/releases/2007/11/ 071123204938.htm.

do que foi passado por seus próprios pais, que com muita probabilidade os trataram com severidade excessiva na infância. Também o medo da rejeição dos filhos e o sentimento de culpa por não lhes ter dedicado o tempo necessário podem dar origem à equivocada decisão de renunciar à disciplina.

É um erro ser uma mãe ou um pai permissivo demais, assim como é errado ser disciplinador em excesso. Nesse caso também, é preciso equilíbrio. Quando não usados com sensatez, os castigos corporais podem deixar mais cicatrizes emocionais do que apenas marcas no corpo. Sempre devemos ter como objetivo constante ensinar o caminho certo aos filhos e esperar respeito, cooperação e ordem, de acordo com as normas estabelecidas para o convívio familiar.

Os filhos devem ser objeto de nossa atenção e de nosso amor, mas não de preocupação excessiva. Também é importante moderar seus desejos e caprichos. Do contrário, em vez de alcançar o que nos propomos, prepararemos adultos egocêntricos e sedentos de atenção, que sempre estarão em busca de gratificações instantâneas e serão incapazes de seguir regras ou controlar seu temperamento, seus impulsos e suas emoções. Os filhos devem ser parte integrante da família, mas não o foco desequilibrado e central de uma atenção doentia. Os extremos são indesejáveis: nem o excesso de atenção nem a falta total dela são bons para a criança.

Os familiares que amamos

Se você se sentir diferente dos seus familiares; se, em algum momento, pensar com seriedade que pode ter sido trocado no dia de seu nascimento, você não está sozinho. Quer você tenha nascido no seio de uma família ou não, não tenha mãe ou pai, ou tenha sido criado por uma avó, grande parte do que você pensa sobre si mesmo se desenvolveu a partir desse ambiente, inclusive a compreensão do seu propósito de vida. Não há dúvida de que sempre podemos aprender em situações familiares muito aquém do ideal. Devemos aceitar nossas origens. Nenhum erro foi cometido. Nascemos nesta Terra em grupos de almas; almas que nasceram para viver experiências em conjunto, e precisamos aceitar nossa experiência e agradecer pela família que recebemos.

Sempre teremos uma possibilidade de escolha. É fundamental percebermos que todo tipo de abuso e de maus-tratos contínuos é inaceitável. A culpa pode nos levar a decisões ruins em relação à nossa família. Honrar pai e mãe significa assumir um pacto de responsabilidade e respeito; isso é diferente de apenas aceitar tudo o que os pais dizem como se fosse a verdade absoluta.

Você deve respeito e lealdade à sua família, mas não precisa seguir crenças nocivas ou repetir padrões, hábitos ou comportamentos negativos. Se estiver numa situação assim, em algum momento terá de levantar voo e tomar suas próprias decisões. Os pais devem exercer o papel de guia dos filhos até estes completarem 21 anos de idade. Depois disso, o relacionamento e a orientação devem continuar, mas com muito respeito aos filhos e à independência deles.

O ideal é que uma família se empenhe em se manter próxima, mesmo que um ou outro esteja a quilômetros de distância. Sua família deve ser um porto seguro e ponto de referência constante, desde que haja respeito de todos os lados. Há muitos tipos de família hoje em dia, e não devemos nos apegar demais a um padrão idealizado. O que de fato importa é ser responsável e saber reagir às situações que se apresentam. Podemos acreditar que as famílias de outras pessoas são perfeitas, mas isso está longe de ser verdade. As aparências e as redes sociais são enganosas. Não fique obcecado por ter uma família perfeita. Você apenas se decepcionará.

Em sua maioria, tanto as suas crenças negativas quanto as positivas sobre você, os outros e a vida em geral foram formadas por influência da sua família. É de vital importância dedicar algum tempo para revisar essas crenças. Porém, ao mesmo tempo, procure ser tolerante, perdoar e respeitar as opiniões divergentes dos seus familiares. Com toda a certeza, eles podem ter crenças e costumes bem diferentes dos seus. Isso é normal e enriquecedor. Apenas aceite essas diferenças sem se sentir obrigado a adotar opiniões divergentes ou compelido a tentar mudar as crenças dos outros.

É muito provável que algum familiar lhe tenha ensinado ou inspirado a ter as qualidades que você precisa ter para cumprir seu propósito. Talvez algum tio o tenha induzido a se tornar músico ou sua avó tenha o influenciado para que você fosse pintor. Se você é cirurgião, talvez tenha herdado os dons milagrosos de seu pai. No passado, em geral, as profissões passavam de uma geração para outra, desse modo produzindo profissionais mais qualificados e com mais conhecimento a cada nova geração. Infelizmente, hoje, muitos se recusam a assumir o ofício ou o negócio da família apenas porque querem provar que podem ter sucesso por si mesmos. Às vezes, não vemos as virtudes da nossa família porque as consideramos privilégios já conquistados ou porque a forma de que se revestem não se harmoniza com o que o sucesso deveria parecer.

Também o oposto se verifica na prática, como no caso em que uma opinião paterna bem-intencionada quanto a um caminho a seguir o leva a uma profissão incompatível com seu modo de ser. Talvez você quisesse trabalhar com crianças e tenha se formado advogado, ou pode ter assumido o cargo de administrador da empresa do seu pai porque esse era o sonho dele, mas não o seu. Você deve ter sempre consciência de que é livre e de que nunca é tarde para retomar a via que leva à realização dos seus sonhos verdadeiros.

De todo modo, faça as pazes com sua família. Se você guarda ressentimentos do passado e se afastou, talvez tenha chegado a hora de se reaproximar. A maioria das pessoas tem problemas pendentes com familiares. Então, ainda não chegou o momento de perdoar seu pai por ter abandonado sua mãe décadas atrás? Já não é tempo de parar de penalizar algum parente com sua indiferença por algo que aconteceu há muitos anos? Apesar do erro cometido por algum familiar, é fundamental perceber que as pessoas fazem o melhor que podem com as ferramentas de que dispõem no momento, de acordo com seu estado de consciência e seus recursos. Reserve um tempo para conhecer melhor a infância desse parente fracassado; quem sabe, você pode mudar sua opinião sobre ele ou compreender seu comportamento, por mais inaceitável que seja. Para superar uma situação traumática que envolva um parente, recomendo usar a técnica do perdão descrita mais adiante neste livro.

Os amigos, companheiros dos nossos ciclos

A vida escolhe a nossa família, mas os amigos são a família que nós escolhemos. Alguns são nossos amigos para a vida inteira; outros, apenas por algum tempo. Eles aparecem em diferentes tempos e lugares para nos ajudar em nossa caminhada. Às vezes, podemos ajudá-los numa transição ou colaborando num projeto de vida mútuo.

Alguns amigos vêm para nos guiar, enquanto outros surgem para nos testar. Alguns aparecem para nos ensinar a dar; outros, para nos mostrar como receber. Alguns chegam para nos ensinar a confiar; outros, a discernir. Alguns nos ensinam a perdoar; outros, a perdoar a nós mesmos. Alguns amigos muito queridos avançam para diferentes estágios de aprendizado, afastando-se da visão e dos valores que cultivamos. É compreensível que as pessoas mudem, e é preciso aprender a deixar que sigam seu caminho. Amigos verdadeiros são raros. Podemos confundir amigos com sócios ou contatos de negócios. Em todo caso, os relacionamentos devem ser sempre autênticos. Uma amizade pautada nos negócios, portanto interesseira, pode acabar quando a transação for concluída.

Também existem amigos além da amizade – uma espécie de alma gêmea com quem podemos ter feito um pacto enquanto estávamos no céu. Talvez tenhamos dito algo como "lembre-se de mim sempre que nos encontrarmos na Terra". Esses amigos podem ser amados ainda mais do que amamos nossa própria família. Esses amigos não são comuns, mas com eles nos sentimos à vontade para partilhar e aprender a oferecer apoio uns aos outros. Alguns podem nos ajudar enquanto vivemos, e outros estarão ao nosso lado no momento da passagem. Esse tipo de amizade é mais do que especial, e pertence ao nosso grupo de almas. Esses amigos podem nos guiar ao nosso propósito durante um tempo específico; ajudam-nos a crescer e a manter os olhos no horizonte.

Outros amigos vivem vidas paralelas à nossa. Quando alguém passa pela mesma experiência, seja sobrevivendo a um tipo de câncer ou perdendo um ente querido, as lições compartilhadas são mais confortáveis de suportar. É bastante comum encontrar um novo amigo depois de um divórcio ou de alguma situação extrema. Eles também podem se fazer presentes no nascimento de um filho. E, caso se apresentem num momento de perda, seu único propósito é compartilhar o tempo e a experiência. Às vezes, ficam por muito tempo; outras vezes, sua companhia é breve; no entanto, sempre aparecem no momento certo. Claro, algumas amizades podem se transformar em relacionamentos amorosos, uma vez que a amizade é o prelúdio de um grande amor.

Não posso terminar esta seção sobre a amizade sem mencionar nossos queridos animais de estimação, esses companheiros de alma que, às vezes, até espelham nossa cura e nossa dor. São anjos enviados em nosso caminho. Quem é mais incondicional em seu amor do que nossos animais de estimação? Enquanto traduzia este livro, perdi um dos meus gatos, amigo de dezessete anos, e posso garantir que ele era da família. Ele sobrevive num persa branco. Por muitos anos, eles foram meus companheiros leais nos bons e nos maus momentos. Sei que eles têm alma e que nos encontraremos de novo no céu.

Quando conhecer uma pessoa, não lhe pergunte com o que trabalha ou onde mora. Pergunte-lhe quais são seus sonhos; talvez você descubra o que ambos têm em comum. Lembre-se: nenhum encontro é casual.

Todo encontro casual é marcado.
– Jorge Luis Borges

Reconexão com os amigos

Embora quase todos nós estejamos sempre ocupados, não há dúvida de que devemos reservar todos os dias um tempo para agradecer por ter amigos. Ligue para os que estão mais longe e visite os que estão por perto e diga-lhes que os ama. Envie um e-mail ou um cartão escrito à mão para os que estão distantes, falando-lhes da importância que têm em sua vida, apesar da distância. Para os que já faleceram, acenda uma vela e envie uma oração. Se tiver alguma dívida espiritual pendente, entre em contato com o amigo que você talvez tenha maltratado e deixe de lado os ressentimentos do passado. O mais triste, e isso já aconteceu comigo, é adiar o contato com um amigo ou uma amiga supondo que ele viverá para sempre e acabar por descobrir quando já for tarde demais. Use qualquer meio que preferir – telefone, correio ou e-mail – e faça a outra pessoa saber que você a ama.

CAPÍTULO 9

Seu verdadeiro propósito

Todos nós temos um dom

Em geral, temos um primeiro vislumbre do nosso propósito nos primeiros anos de nossa vida – aos 4 ou 5 anos de idade, digamos. Com toda a probabilidade, estava incutido em uma das nossas atividades favoritas, que muito alegrava a nós mesmos e aos que nos rodeavam. Um sábio me disse, certa vez, que as crianças recebem uma forte revelação de sua verdadeira missão na vida por volta dos 12 anos. Quando tinha essa idade, Jesus se separou dos pais e foi discutir com os anciãos no templo, revelando seu dom de mestre dos mestres. A tarefa dos pais é identificar esses dons e dar aos filhos as ferramentas necessárias para que eles os desenvolvam. Não nascemos como prodígios; toda habilidade precisa ser aprimorada. O problema é que muitos pais podem se tornar o maior obstáculo para essa descoberta e esse crescimento, dando mais importância ao que a sociedade espera da criança do que às suas aptidões naturais. Você pode imaginar o que teria acontecido se o pai de Mozart tivesse negligenciado as habilidades musicais do filho?

Quando criança, eu adorava desenhar vestidos para minhas amigas. Já adulta, depois de estudar para seguir uma carreira que não apreciava, deixei de dar ouvidos aos palpites dos que me rodeavam, parti da minha cidade natal, em Porto Rico, e fui para Nova York estudar *design*. O mundo da moda se tornou o meu posto de trabalho por um ciclo da minha vida, e eu sentia que a minha missão era inspirar as pessoas por meio da beleza. Não foi por acaso que conheci meu querido professor Dada Vaswani por intermédio de amigos do ramo. Afinal, nossas carreiras são apenas justificativas para construir relacionamentos e aprender.

Mais tarde, enquanto exercia minha profissão no mundo da moda, comecei a organizar conferências para orientadores e mestres espirituais. Esse interesse específico também começou muito cedo, quando descobri textos sobre espiritualidade que minha avó preservava com o maior zelo. Hoje ainda pulsa em mim o desejo de desvendar sempre mais a razão pelas quais as coisas são como são e de partilhar o que aprendo com outras pessoas. O meu propósito continua o mesmo, seja como *designer* de moda, escritora, palestrante motivacional ou organizadora de eventos: compartilhar beleza, encontrar significado e inspirar mudanças pessoais e sociais.

Qual é o seu propósito?

Todos nós temos experiências que podem se tornar o mapa do tesouro que nos leva ao nosso verdadeiro propósito. Essas experiências reveladoras podem ocorrer a qualquer momento, na infância ou na idade adulta. Elas nos inspiram a crescer, a encontrar respostas para nossas perguntas, a curar e, também, a ajudar os outros com as lições que aprendemos.

Uma das experiências que marcou minha vida ocorreu em minha adolescência, quando tentei fugir de uma família disfuncional. O medo, o desespero e a frustração que tive de suportar me estimularam a ir em busca do meu propósito, que, enfim, encontrei acompanhado da paz que ele propicia. Alcancei esse resultado usando as ferramentas que compartilho neste livro, sendo esta a minha maior satisfação. Ajudar as pessoas a encontrar seu próprio caminho é a minha maior motivação.

Os ciclos da alma e o seu propósito

A jornada da alma em busca do seu propósito não se dá por caminhos retos. No seu percurso, é sempre marcada por interrupções, desvios, atrasos e reinícios. Nada permanece estático, mesmo que não consigamos perceber as mudanças de imediato. Ao terminar, um ciclo sempre deixa um legado de mudança. Com cada novo ciclo surge uma nova perspectiva. O propósito da viagem está na descoberta de novos horizontes, não na chegada a um porto seguro.

Se compreendêssemos a sabedoria da natureza, acreditaríamos que a mesma inteligência que deu à flor seu perfume também põe em nossas mãos as ferramentas para o nosso propósito. O propósito da gardênia é distribuir alegria com sua beleza e seu aroma. Uma flor desprovida de um colorido brilhante pode compensar com uma fragrância inebriante. Não podemos forçar nosso propósito; ele é a expressão natural do nosso ser. Não podemos nos tornar quem não somos, mas podemos nos tornar a pessoa que estamos destinadas a ser. Tudo existe em perfeita harmonia.

Sua forma de expressão pode mudar, mas seu propósito permanece o mesmo

Nossa vida se constitui de inúmeros ciclos, e podemos ter diferentes profissões, mas a essência do nosso propósito pode continuar sendo a mesma. Um grande amigo meu era compositor musical e foi um renomado produtor de tevê até seus 40 anos. Depois disso, estudou psicologia, concluiu o doutorado e tornou-se um reconhecido autor de autoajuda em Porto Rico. Seu nome é Alfred D. Herger, e ele é autor de *Yo Voy a Mí* [Eu Acredito em Mim]. Seu anseio de motivar e inspirar as pessoas sempre foi o mesmo, mas a expressão do seu propósito mudou com sua experiência de vida.

Desenvolvi uma carreira no setor da moda até meus 36 anos, coincidência com o fim de um ciclo de nove anos. Quando minha filha nasceu, decidi passar sua primeira infância com ela em casa, com dedicação exclusiva – uma escolha de que não me arrependo. Depois de ser feminista por toda a vida e optar por adiar a maternidade em favor da carreira, como resultado, descobri meu amor pelas crianças e me tornei defensora ativa dos direitos das mães e das crianças, um canal a mais para expressar minha aptidão para conscientizar.

O segredo do sucesso está em ser flexível e disposto a se reinventar quando o ciclo pede um intervalo ou uma mudança de direção. Não há como escapar das lições do crescimento. Os negócios inacabados de um ciclo acabarão por nos reencontrar num momento posterior. No entanto, não é desejável demorar-se num ciclo além do devido tempo. É comum, hoje, ver pessoas com mais de 30 anos vivendo uma eterna adolescência. As tentativas de evitar as responsabilidades de cada ciclo aumentam sem necessidade o tempo destinado para completá-lo, criando desequilíbrios físicos e psicológicos. Como diz o ditado, "há um tempo e um lugar para cada coisa".

Nosso propósito no mundo

O bem comum deve ser nosso propósito principal, sejam quais forem nossos dons particulares. Amor e compaixão são os denominadores comuns para construir uma sociedade justa. Grupos que usam seus talentos apenas para obter proveito pessoal, bem-estar e satisfação material de alguns, sejam eles religiosos ou empresas com fins lucrativos, estão destinados a pertencer ao passado. Agendas ocultas não podem prosperar sob o disfarce do altruísmo, mesmo com a ajuda de campanhas inteligentes de marketing e publicidade. Ninguém pode enganar a inteligência divina por muito tempo, pois o Universo acaba entregando a conta das nossas dívidas.

Trabalhar com integridade ao mesmo tempo que pomos as nossas aptidões à disposição do planeta é a diferença entre construir e destruir, oferecer esperança e criar desespero, trazer paz e promover o ódio, dar vida e destruir com a morte. Por exemplo, pode-se ver a evidente falta de integridade na publicidade de empresas de tabaco que em seus anúncios tinham nas mulheres jovens seu público-alvo, retratando uma mulher bela e esguia fumando como ideal de independência e beleza. Existe alguém que ainda não saiba que o fumo é uma das principais causas de câncer?

Somos tão responsáveis pelo que sabemos quanto pelo que não queremos saber. As leis universais, assim como as leis da física, são imparciais. Toda causa tem um efeito, todo efeito tem uma causa, e cada resultado tem suas consequências. O rastro deixado pelas consequências pode durar muito tempo. Pode ser positivo ou negativo e afetar uma faixa ampla ou estreita de pessoas, tempo e espaço.

O desconhecimento da lei não nos exime
de suas consequências.

A qualidade de cada resultado depende da intenção subjacente ao ato ou à causa original. Por isso, precisamos parar e considerar todas as consequências antes de fazer uma escolha. Tudo produz seu próprio fruto. A tentação da gratificação instantânea pode cegar nossa capacidade de ver o futuro, e a publicidade prejudicial traz um fluxo de morte e destruição, com consequências negativas de longo prazo que afetam as gerações futuras.

UM JOVEM COM UM PROPÓSITO EQUIVOCADO

Alguns anos atrás, num voo de Miami, conheci um jovem muito peculiar. Ele estava vestido com roupas chamativas e usava joias, mas não parecia feliz nem confortável. Durante a nossa conversa, ele não soube explicar o que fazia para viver e, entre outras coisas suspeitas, mencionou que admirava os traficantes do seu bairro porque "ajudavam mais as pessoas do que os políticos". Entretanto, notei que sua expressão se alterou quando ele me mostrou a foto de seu filho pequeno dizendo que o garoto era a pessoa mais importante da sua vida. Se ele de fato trabalhava num negócio criminoso, com certeza como pai passaria um legado nefasto para os filhos. Quando saí do avião, invoquei todos os anjos para que guiassem e protegessem sua família, com a esperança de que nossa conversa tivesse feito a diferença.

Qualquer pessoa que participa de um negócio obscuro, legal ou não, sabe em nível subconsciente que a promoção de mercadorias ou causas prejudiciais à vida de milhares de jovens e suas famílias traz consequências espirituais. Sua alma também sabe que, de acordo com a lei de causa e efeito, ou karma, se em algum momento não mudar de direção, com certeza, terá de derramar lágrimas pelas mortes causadas. Mesmo que tenha sucesso financeiro, a vida lhe mostrará que ninguém deve enriquecer à custa da infelicidade dos outros. O talento de um traficante é semelhante ao dom de um bom comerciante. Ele pode muito bem usar suas habilidades para comercializar algo valioso para a humanidade. Não obstante, muitos preferem seguir o caminho mais fácil.

Sistema bancário ético

Uma nova onda de consciência está nos despertando para o fato de que não podemos mais tolerar o egoísmo e a falta de integridade nas empresas. Pode parecer que alguns nunca perdem, pois agarram todas as oportunidades e as vantagens e não sofrem nenhuma consequência. Mas as consequências vêm. O Universo dispõe de maneiras para nos direcionar a um novo e melhor modo de vida.

Um exemplo é o do setor bancário. As novas perspectivas econômicas devem mostrar às famílias como administrar o dinheiro e contribuir para o desenvolvimento sustentável do planeta, em vez de estimular o endividamento. Num mundo ideal, o novo banco se tornará um mentor para muitas empresas, grandes e pequenas, para apoiar o bem da humanidade. Todos nós precisamos trabalhar unidos em prol dessa visão.

A lei da compensação

Vemos como em alguns países o ciclo de perdas acabará detendo o crescimento da economia, o que em parte se explica pela ação dos ciclos naturais e da lei da compensação. Essa lei, popularizada num ensaio de Ralph Waldo Emerson, afirma que nada é desperdiçado; tudo é usado para o bem de todos. Por exemplo, como o plano divino precisa de você, se você está num emprego no qual seu propósito, suas aptidões e sua energia não são valorizados nem orientados para o bem de todos, a grande Sabedoria o conduzirá ao seu lugar ideal. Nesse caso, perder pode significar ganhar. Seus talentos e seus propósitos são essenciais para o bem de todos. Procure dentro de si e descobrirá que a mudança pode ser uma bênção.

A pandemia do coronavírus de 2020 fez com que muitas pessoas efetuassem uma autoavaliação inesperada. Ao mesmo tempo, a Terra teve de fazer uma pausa necessária por causa da contaminação provocada pelas nossas escolhas viciadas no consumo excessivo de energia. A doença afetou milhões, prejudicando nossos pulmões, que, segundo o Ayurveda, representa o centro do nosso ser e o quarto chakra, também chamado *Anahata*, que significa "ileso" em sânscrito e está associado à calma e à serenidade quando em equilíbrio. Esse centro, que também governa os pulmões, representa o coração. Segundo a tradição hindu, o chakra do coração equilibra as nossas emoções de amor, mas também de raiva, ciúme, medo e ódio. Em plena pandemia, protestos eclodiram em todo o mundo, denunciando o racismo e o assassinato de George Floyd nos Estados Unidos da América. As palavras adotadas como símbolo de opressão foram suas últimas palavras: "Não consigo respirar".

Emoções negativas desenfreadas nos separaram do nosso oxigênio espiritual, que é o amor de Deus. A alma da Terra não pode respirar quando está asfixiada por toda a poluição física e emocional que produzimos.

As crises de hoje podem ser tentativas do mundo de recuperar o equilíbrio. É impossível fazer saques ilimitados na conta bancária da Terra sem perceber que o tesouro está se esvaziando. Abusar dos recursos da Terra só contribui para um futuro sem vida, e desperdiçar nossa energia pessoal sem reabastecê-la apenas trará doenças. O mesmo vale para o nosso espírito. Se deixarmos de nutrir nossa alma com bons pensamentos, orações, meditação, natureza e serviço, ela acabará caindo na falência espiritual.

A toda ação corresponde uma reação de mesma intensidade, mas de sentido contrário.
– Isaac Newton

Se você perdeu algo recentemente, fique tranquilo e não se preocupe: "Tranquilizai-vos e reconhecei: eu sou

Deus".[31] Mesmo quando você não consegue compreender o motivo de uma perda, o pêndulo do equilíbrio se movimenta em silêncio na melhor direção. Você sempre estará protegido se andar com Deus. Lembre-se de que, de acordo com essa lei do equilíbrio, você pode descobrir que aqueles que sofreram terão uma alegria inesperada, aqueles que perderam um negócio ganharão tempo com seus netos, ou aqueles que perderam um ente querido com certeza receberão a notícia de um nascimento.

> *Bem-aventurados os que choram,*
> *porque serão consolados.*
> – As bem-aventuranças

O que aconteceria se uma das células do seu corpo decidisse trabalhar apenas para si mesma, desconsiderando todos os demais órgãos e as outras partes do corpo? Se essa célula, por puro egoísmo, optasse por não compartilhar sua energia ou sua missão, ela se tornaria destrutiva ou cancerosa. O mesmo acontece quando as pessoas agem apenas para benefício próprio. Quando roubamos algo de alguém, roubamos de nós mesmos. Se destruímos o planeta, destruímos nossa própria casa, e ao não pagar um salário justo aos nossos funcionários, empobrecemos a nós mesmos. Se você comprar um item falsificado ou fizer compras num mercado injusto, estará apenas participando da escuridão e enganando a si mesmo.

As matérias-primas do Universo não são exclusivas de ninguém. Em última análise, o Universo trabalha no sentido de integrar sua energia para o bem maior. Quando deixa de aplicar seus talentos, você tira dos outros a oportunidade de desfrutarem dos seus dons. Você se assemelha à pequena célula, que parece

---

31 Salmo 46,11.

insignificante, mas é única em sua missão. Lembre-se, o "todo" não pode ser "o todo" sem a sua parte. Não se preocupe. Embora a vida esteja em constante mudança, nunca perdemos algo sem sermos compensados, do modo devido, por Deus. Essa é a lei.

É um erro pensar que encontrar nosso propósito sempre trará fama, reconhecimento e sucesso material. Podemos achar que temos direito a uma recompensa, mas esse não deve ser nosso objetivo principal na vida. Se esse for o nosso único objetivo, o vazio e a insatisfação permanecerão, a despeito de todo o nosso sucesso.

Sem dúvida, o propósito mais elevado que podemos ter é o de despertar para o plano que Deus tem para nós, unindo-nos à sua vontade. Elevar nossos pensamentos para estabelecer um vínculo consciente com seu plano é a única maneira de encontrar nosso propósito interior. De modo geral, as pessoas vivem ao contrário: querem *ter*, para *fazer*, para poder *ser*. A verdade está na atitude oposta. Primeiro, precisamos aprender a *ser* e a *fazer*, para, então, *ter* os resultados correspondentes.

Seu verdadeiro propósito parecerá diferente de tudo. Encontrar seu propósito trará imensa alegria quando você o compartilhar com os outros como um serviço. Porém, se deixar de aplicar os seus talentos, sentirá apenas vazio e insatisfação. Uma vida realizada de fato, fluindo com autêntico sucesso, é resultado do oferecimento do seu dom a serviço dos outros.

Mais do que nunca, o mundo atual precisa de você. Não desperdice seus talentos assistindo ao noticiário da tevê ou grudando-se nas redes sociais. Não reclame do governo ou de um trabalho que o aborrece.

Faça a diferença. Neutralize esse sentimento de insatisfação interior praticando ações amorosas com propósito.

Silêncio, meditação, contato com a natureza, questionamento e observação de si mesmo com reflexão ativa criarão a abertura necessária para receber as pistas sobre como usar seus talentos para ajudar as pessoas. Mais importante ainda, pergunte a Deus todos os dias como você pode servir melhor a ele e ao próximo.

Não importa o que você faz – seja garçom, presidente ou médico –, o que importa é fazer tudo com amor e excelência. Reconhecer o seu propósito é ser agradecido a cada momento que você se põe à disposição das pessoas, não como um dever nem para benefício próprio ou com o objetivo de um reconhecimento egoísta. O mundo é abençoado com dons e talentos de muitas mãos invisíveis que nunca foram reconhecidas; todas elas compartilham o objetivo comum de servir em silêncio e com amor. Lembre-se, quando ninguém mais reconhece o que você faz, Deus o está vendo.

Como descobrir o seu propósito

Alguns estudiosos sugerem que chegamos ao pleno uso da nossa razão aos 21 anos. Outros afirmam que um véu pode cair sobre nossa verdadeira missão quando estamos com essa mesma idade. Talvez seja por isso que jovens adultos estejam tão confusos, pois procuram seu *eu verdadeiro* em toda parte. Se não descobrimos qual é o nosso propósito na vida, nossos 40 ou 50 anos de idade podem nos encontrar numa profunda crise de identidade. Então, tentar descobrir nosso verdadeiro propósito durante a idade adulta pode se transformar em uma expedição arqueológica virtual, uma busca pelos vestígios encobertos entre fósseis esquecidos em nossa vida que possam revelar traços do nosso propósito original.

Um mestre espiritual disse, certa vez, que, se você acredita que deve consertar o mundo, com quase toda a certeza, esse não é o seu verdadeiro propósito, porque o propósito nunca se manifesta como dever, mas, sim, como uma necessidade inexplicável de compartilhar seus talentos e interesses.

Como encontrar o seu norte

As aves sabem que devem migrar para evitar congelar ou morrer no frio do inverno. Pinguins e baleias nadam todos os anos numa longa e desafiadora jornada para um local específico a fim de encontrar seus parceiros. Por outro lado, nós seres humanos quase nunca temos uma ideia clara do caminho a seguir em nossa vida. Os animais têm instinto, uma espécie de bússola entranhada. No momento certo, a mudança se torna inevitável. O instinto para eles é mais forte do que qualquer emoção. Os animais na natureza estão conectados ao plano de Deus. A que nós estamos conectados? Ainda temos instintos ou nossos sentidos estão completamente avariados?

Nossa voz interior fala de modo claro conosco durante nossos primeiros anos de vida, mas, com o passar dos anos, as pessoas ao nosso redor, de maneira involuntária, silenciam essa voz com suas questões e seus conceitos. Já ouvimos esta história centenas de vezes: um jovem ou uma jovem sonha em ser pintor(a), escritor(a) ou acrobata, mas ouve as pessoas dizerem que artistas morrem de fome e que uma carreira melhor seria aquela em que um bom emprego e um bom salário fossem garantidos. Da mesma maneira, muitas vezes, quando você gosta do que faz, a sociedade rotula sua ocupação como um passatempo e faz com que duvide de si mesmo. A mídia também pode confundir a direção do seu verdadeiro propósito, apresentando imagens errôneas de como é o sucesso. Para muitos de nós, encontrar nosso caminho parece acontecer por pura sorte ou pura coincidência. Mas, quando examinamos o processo mais de perto, descobrimos que todos os caminhos errados ou tortuosos de nossa jornada, enfim, nos levaram ao nosso destino correto.

Uma vida com sentido

Como seria uma vida com sentido para você? Muitos pesquisadores desenvolveram estudos com o objetivo de descobrir como e por que a população de Okinawa, no Japão, mantém a maior taxa de longevidade e o maior número de centenários do mundo. Okinawa, uma ilha que perdeu cerca de 200 mil soldados na Segunda Guerra Mundial, ainda é conhecida por sua hospitalidade, pelo seu sistema de saúde, por seu espírito comunitário e pela alegria de viver. Diversos fatores contribuem para sua saúde geral, incluindo dieta, bons hábitos, rituais e clima tropical. No entanto, o segredo principal dos okinawanos é que encontraram motivo para acordar de manhã; em outras palavras, encontraram seu *ikigai*.

Em japonês, a palavra "ikigai" é composta de dois caracteres, um que significa "vida" e o outro, "valer a pena". De acordo com Dan Buettner, pesquisador da National Geographic e explorador que cunhou o termo "zonas azuis" e pesquisou nessas áreas (lugares em que as pessoas vivem mais e com menos casos de doenças comuns), os okinawanos não têm uma palavra para aposentadoria. Dan chegou a esta conclusão: "Pessoas com propósito vivem mais, dormem melhor e são mais saudáveis".[32]

Prática: como viver seu propósito

Algumas perguntas-guia para você descobrir seu propósito:
- O que você faz melhor do que muitos outros e sem muito esforço?

---

[32] Citado por Brianna Wiest, em "Ikigai Is the Japanese Method of Determining Whether or Not Your Work will Fulfill You", *Forbes* (Forbes Magazine, 21 de março de 2019). Disponível em: https://www.forbes.com/sites/briannawiest/2019/03/19/ikagi-is-thejapanese-method-of-determining-whether-or--not-your-work-will-fulfill-you/ ?sh=1a92d1a033fe.

- Para que as pessoas o procuram?
- Em que você é especialista, mesmo que não seja seu trabalho principal?
- Em que áreas você é muito bem-organizado?
- O que você gostava de fazer quando era criança?
- Quais atividades você pode desenvolver durante horas sem perceber o tempo passar?
- Que trabalho você faria, mesmo sem ser pago?
- Que experiência marcou sua vida como adulto ou como criança?
- O que você faria se tivesse todo o tempo e todo o dinheiro do mundo?
- O que você faria se tivesse oportunidade em outra vida num lugar onde ninguém conhecesse seu passado?
- O que você faria se tivesse apenas cinco anos de vida?

O seu propósito é a razão que dá sentido à sua vida, a justificativa perfeita para amar (ser), perdoar e servir (fazer) que o levará a dar e receber amor, agradecer por todos os seus ciclos, e desfrutar plenamente deles, sejam eles prazerosos ou não (o verdadeiro ter).

PARTE III

A ORDEM DAS COISAS

Antes de viajar para um país que você não conhece, é sempre recomendável estudar e conhecer sua geografia, suas principais cidades e rodovias e, acima de tudo, seu idioma, a cultura, os costumes e comportamentos. O mesmo acontece em nosso planeta. Existem leis fundamentais que precisamos conhecer antes de preencher a nossa "solicitação de emprego" no formulário do nosso propósito. Nesta seção, aprenderemos a reconhecer a ordem das coisas. Uma das leis fundamentais, conhecida em sua expressão "assim em cima, como embaixo", descreve a correlação entre diferentes formas de vida.

Essa verdade está no cerne das leis do Universo e também se aplica aos seres humanos. Os ciclos dos planetas nos afetam; do mesmo modo como afeta as marés, o ciclo da Lua também influencia as nossas emoções. A humanidade vem estudando os astros há séculos, sempre procurando explicar cada vez melhor o tempo propício dos eventos cósmicos e pessoais. De acordo com a medicina chinesa, nosso corpo é regido por uma ordem estabelecida segundo um cronograma específico para suas diferentes funções. Da mesma maneira, o relógio biológico determina nossas horas de sono e alimentação. Os seres humanos e os animais são muito sensíveis a quaisquer alterações em seu ritmo de vida, e as interrupções criam de imediato desequilíbrios e lacunas em nossos ciclos naturais. Alterações nos ritmos naturais podem ocorrer em situações estressantes, como estudar ou trabalhar em excesso, ou em viagens para lugares distantes com fusos horários diferentes, e podem causar todo tipo de perturbação.

Nosso coração também tem seu próprio ritmo e seus próprios ciclos. Emoções fortes podem desencadear arritmia grave e provocar desequilíbrios que interrompem seu ciclo e seu ritmo. Já foi analisado o fato de que emoções intensas vividas por mulheres podem desordenar seu ritmo e seu ciclo menstrual.

Quando uma mulher se sente incomodada com alguma coisa, seu ciclo menstrual se altera – iniciando antes do esperado ou parando por completo. A Ayurveda, antiga ciência hindu, nos leva a acreditar na seguinte teoria: se uma pessoa pode controlar seus ciclos respiratórios, consegue também controlar seu ciclo de vida e aumentar sua longevidade. Tudo ocorre em perfeita ordem matemática, quase de modo previsível. Há ciclos previsíveis na natureza como também nas finanças, nas culturas e no cosmos. As leis de sincronicidade e da coincidência são, na realidade, eventos naturais que a humanidade ainda não compreendeu em sua totalidade. Previsões absolutas são impossíveis, como as do tão discutido fim dos tempos. No entanto, temos o poder de influenciar os resultados finais da nossa realidade futura, pois esses resultados variam de acordo com os algoritmos coletivos dos nossos pensamentos, das nossas escolhas e das nossas intenções, sejam estes baseados no ego ou nos desígnios divinos.

CAPÍTULO 10
Ciclos da alma

A alma se desenvolve ao longo de ciclos da mesma maneira que o corpo? Transforma-se por meio de uma vida em constante mudança? Podemos estar em sintonia com os nossos ciclos?

Sim, podemos – se fizermos o esforço consciente de prestar atenção no que a nossa vida tenta nos dizer. Embora uma parte da alma seja imutável, lembre-se de que ela é também a soma de todas as nossas experiências. Os ciclos da alma não consistem em círculos fechados, mas em espirais abertas. Quando um ciclo termina, um novo lhe dá continuidade imediata, aprofundando-nos nas lições anteriores. Não há horário de chegada estipulado para essas espirais da vida. Sentimo-nos frustrados depois de dizer a nós mesmos que aprendemos a lição, mas nos surpreendemos recaindo. A cada vez, porém, a mesma lição será vivida numa camada mais profunda e com um conjunto diferente de ferramentas. Nossa alma paciente e compassiva sempre nos dará outra oportunidade para reaprender a lição – dessa vez, com uma consciência desenvolvida.

Viajamos pelos ciclos em nosso próprio ritmo. Algumas pessoas parecem viver num ciclo interminável, outras navegam por eles numa sucessão contínua. Alguns viajam rápido, como uma criança impaciente, outros permanecem num ciclo por muito tempo, como um eterno ancião. Outros ainda gastam sua energia lutando contra a mudança, como um adolescente rebelde. Embora as eras possam variar, o ritmo do Universo não se altera. Ele inspira e expira, expandindo-se e contraindo-se, morrendo e renascendo, dormindo e despertando no ritmo em constante variação do tempo.

Nossa vida e o Universo evoluem em padrões semelhantes de inspiração e expiração. Toda criação surge como ideia ou, na expressão do Evangelho de São João, como logos, que significa "pensamento" ou "palavra". Então, manifesta-se a matéria, seguida por um processo de crescimento, até alcançar um pico e logo declinar até a morte. Nascemos de novo por meio de uma transformação – muito semelhante à passagem das estações. Nas palavras do escritor Floyd Merrell, "a primavera dá lugar ao verão; o verão, ao outono; e o outono, ao inverno". Daí o ciclo recomeça, na mesma ordem.

Ciclos de nove anos

Vivemos a vida em capítulos. Cada um desses ciclos, como um novo dia, inclui um novo começo e uma nova oportunidade na jornada da vida. Se você conseguir virar a página, deixando para trás seus arrependimentos, um novo ciclo o receberá de braços abertos, com novas ideias, novos amigos, novos lugares, novos projetos, novos desafios e novas possibilidades.

Deparei-me pela primeira vez com a interconexão dos ciclos e do desenvolvimento humano quando participei de um curso de educação infantil Waldorf com o objetivo de entender os ciclos de vida da minha filha. As pesquisas identificaram estágios de crescimento e desenvolvimento espiritual nos seres humanos. Conforme as minhas observações, concordo com a teoria dos ciclos de nove anos para a alma e de sete anos para o corpo, quando as células da nossa pele são substituídas. Nas palavras de Deepak Chopra: "a menção à rotatividade constante das células e dos átomos do corpo tem o objetivo de nos ajudar a entender que aquilo que consideramos como sólido e imutável é na verdade um rio de energia e inteligência em fluxo permanente".[33]

A alma passa por uma série de ciclos ao longo da vida, cada um tem uma duração aproximada de nove anos. O primeiro ciclo corresponde aos primeiros nove anos de vida; o segundo inicia aos 10 anos e prolonga-se até os 18; o terceiro, dos 19 aos 27, e assim por diante. As sequências de nove anos ao longo da vida da pessoa são únicas para cada alma e podem não acompanhar exatamente cada idade. Cada ciclo representa um novo tempo, um novo despertar, com novas lições a aprender. Ao fim de cada um, em geral vivemos uma experiência significativa, chegamos a uma encruzilhada, ou melhor, defrontamo-nos com uma placa onde lemos "prossiga com cautela", nos alertando que mudanças importantes estão à frente. No final de cada ciclo de nove anos, as condições que o mantinham preso ao ciclo anterior também se esgotam e novas situações ou novos desafios se abrem para o seu desenvolvimento espiritual.

A partir daí, preste muita atenção à sua idade e à das pessoas ao seu redor para comprovar o poder desses momentos decisivos de mudança, interseções importantes no caminho do crescimento. De modo geral, essas idades se fazem acompanhar de novas ideias ou novos desejos inexplicáveis, como de querer mudar de casa, trocar de emprego ou, talvez, descansar; enfim, de reajustar sua direção na vida e, assim, começar a experimentar esses importantes períodos de mudança e viver com mais equilíbrio.

---

33 Disponível em: https://www.deepakchopra.com/articles/skin-cell-replacement/.

Se não prestarmos atenção nos ritmos e nos ciclos em nossa vida, com toda a probabilidade teremos de enfrentar contratempos. Por exemplo, se você pressentir que seus projetos não terão sucesso num determinado ano, talvez seja o momento de reavaliar, descansar e criar novos planos. Se semear no inverno, os frutos do seu trabalho morrerão antes de brotar. Por outro lado, se perceber que o ano pode oferecer muitas oportunidades e você não as aproveitar, com toda a certeza, não terá o que colher no ciclo seguinte. Podemos calcular os ciclos, mas não prever os resultados que trarão. Podemos antecipar o intervalo do inverno, mas não antever quando exatamente o vento frio chegará ou acabará. Os invernos podem chegar cedo, podem se sobrepor à primavera e também ao outono, mas sempre começam e sempre terminam. Uma coisa é certa: você colherá no outono quando semear na primavera.

Os primeiros anos dos nossos filhos

As crianças também vivem em estágios, como constataram Waldorf, o Gesell Institute e Piaget. Durante os primeiros anos, é natural as crianças viverem num mundo de fantasia, realizando seus sonhos com o auxílio da imaginação. Uma imaginação livre durante os primeiros anos assegura uma idade adulta criativa. A imaginação é a ferramenta que usamos para trazer os sonhos do mundo invisível da crença para o mundo tangível da realidade física. A imaginação é a capacidade de sonhar uma realidade vívida e colorida, quase acreditando que nossos sonhos são reais.

Infelizmente, a sociedade valoriza um intelecto aguçado e uma educação acadêmica desafiadora acima da imaginação, incluindo o uso prematuro da memória e das habilidades de leitura. A competição inoportuna e o uso excessivo da tevê e dos jogos eletrônicos acabam vencendo a imaginação, deixando pouco tempo para a criatividade. Nos primeiros anos, as crianças aprendem por imitação. Então, esse é o momento perfeito para despertar sua curiosidade por meio das artes e da música, dando-lhes tempo livre para brincar com seus jogos imaginários naturais (sem a necessidade em excesso de tevê, *tablet* ou mais tempo de tela).

Os pais podem estimular a imaginação dos filhos contando histórias e fábulas, uma opção mais proveitosa do que ler ou mostrar ilustrações em livros. Com isso, eles inspiram valores que complementam outros modos de educação. Recomendo sobretudo que você se inspire nos contos de fadas clássicos e inclua as Fábulas de Esopo, que aplicam princípios éticos de maneira divertida e de fácil compreensão. Essas histórias ensinam lições valiosas tanto com as decisões tomadas pelos personagens como também com as consequências dessas decisões em suas vidas. Por outro lado, a imaginação da criança fica prejudicada quando alimentada por ideias captadas em filmes que depois lhe serão vendidas na forma de brinquedos pré-fabricados.

A energia da criança durante esse período deve ser direcionada para o desenvolvimento do amor pela natureza e para jogos livres, ou seja, jogos que não são organizados nem dirigidos por adultos. Simplificando: deixe que a criança brinque, seja espontânea e criativa em suas improvisações, sendo ela mesma e agindo conforme sua natureza.

Antes dos 9 anos, a criança já chega à maioria das conclusões que a acompanharão durante toda a vida, pois desenvolve suas capacidades por meio da imitação e do exemplo. As lições ensinadas na escola não são as mais importantes, mas, sim, as lições silenciosas dadas pelas pessoas ao seu redor por meio de suas ações. Nesses anos, começam os preconceitos, ou os bons e maus modelos a seguir. Um olhar depreciativo a uma pessoa de outra raça, uma pequena mentira na loja, agressões verbais ou convivência com pessoas agressivas ou submissas demais são atitudes suficientes para preparar adultos desequilibrados que repetem padrões familiares destrutivos. Na tarefa de criar filhos, as ações são mais eloquentes do que as palavras.

Dos 9 anos em diante

Uma grande mudança ocorre aos 9 anos, quando a criança abandona o mundo dos sonhos e começa a ver as coisas como são na realidade. A educação Waldorf conhece esse estágio como "a queda" ou o "paraíso perdido" – a queda do mundo dos sonhos. Como a imitação e o exemplo eram fundamentais na primeira infância, a partir dos 9 anos são indispensáveis o incentivo e uma fonte confiável de autoridade. Não a autoridade que se baseia no medo ou na força, mas a que emana do respeito, a autoridade que a criança aceita por instinto natural e que lhe servirá para formar sua consciência moral, seus valores, os bons hábitos e suas inclinações, e também para canalizar seu temperamento. Esses valores irão criar uma base sólida para construir seu caráter. Nessa fase, a criança observa o mundo através dos olhos dos seus mentores, figuras de autoridade como professores, pais, avós e todos aqueles que representam força moral e intelectual na mente infantil – inclusive os personagens celebrados da história e as biografias de grandes homens e mulheres que determinarão a consciência do futuro da criança.

A beleza também é uma fonte de inspiração para as crianças, tanto a beleza da própria natureza como a valorização das cores na arte, de uma peça musical, das flores e da ordem das coisas. Nesse ciclo, devemos proporcionar as condições para que a beleza interior da criança floresça de modo espontâneo, sem forçá-la nem sobrecarregá-la com informações e fatos intermináveis.

Os "sonhadores", até os 18 anos

A fase da adolescência se caracteriza pela rebeldia e pelo desejo de independência. É nessa idade que se vive a ilusão da separação e se começa a busca desesperada da própria identidade e do amor verdadeiro. O adolescente é intenso, imaturo e instável, mas ao mesmo tempo inocente e repleto de magia e fantasias. Para um adolescente, tudo é possível, e, enquanto ele cria grandes sonhos e procura alcançar seus objetivos, descobre rápido o sabor agridoce da decepção e da sensação de desespero. Na realidade, esse é apenas o início de outro ciclo vital de independência.

Podemos observar como os adolescentes se lançam numa disputa de poder com seus pais e professores recorrendo a discussões intermináveis. Esses jogos de palavras são sua maneira de aprender a se tornar adultos. Eles se exercitam em enfrentar conflitos e testar sua nova identidade confrontando os pais num ambiente seguro. Essas são suas primeiras batalhas pela independência antes de se aventurarem no mundo real e são partes indispensáveis do ensaio de sua vida futura.

Na adolescência, a busca da identidade e do senso de justiça oferece uma oportunidade perfeita para que os pais os orientem na direção do seu propósito. Podemos fazer isso dando-lhes informações sobre a vida de grandes heróis da humanidade, como Jesus, Gandhi, Martin Luther King Junior ou cientistas com elevados ideais para o bem do planeta. Os pais também podem ministrar lições sobre o poder da resiliência, contando-lhes histórias dos seus conflitos na fase da própria adolescência. Como nessa idade os adolescentes não têm mais a imagem dos pais como heróis, essas histórias podem ser uma ótima maneira de chamar a atenção de seu filho ou de sua filha. Esteja preparado para ser desafiado, porém, e não leve os questionamentos para o lado pessoal; eles estão testando o mundo por seu intermédio.

Adolescentes mais jovens podem ser muito confiantes e, em sua ânsia de encontrar justiça, podem se tornar alvos fáceis de falsos mentores. Em nosso entusiasmo para torná-los independentes, não podemos presumir que tomarão as decisões certas, por isso esse não é o momento de deixá-los sozinhos. Não atribua toda a culpa a eles, pois, segundo algumas pesquisas, os jovens são imaturos em sua capacidade de ver as consequências de seus atos.[34]

Fala-se muito hoje em dia sobre respeitar a privacidade da criança, mas privacidade total é um privilégio que só se conquista com maturidade. É melhor errar sendo invasivo demais do que ignorando o paradeiro dos filhos. Mais do que nunca, precisamos ficar bem perto do mundo dos nossos filhos nessa fase, sempre atentos e vigilantes às pessoas ou às mensagens a que estão sendo expostos. Na atualidade, a corrupção está ao alcance deles como nunca, sobretudo com o uso indiscriminado das tecnologias virtuais. É exigido grande esforço para desenvolver laços de amizade e de confiança com nossos filhos, mas podemos conquistar isso estando presentes.

Os pais não devem se sentir culpados por se intrometer quando os filhos são expostos a más influências ou a situações perigosas. Compartilhe pequenos detalhes de amor que mostrarão que você está à disposição deles. Um mentor espiritual de confiança ou um membro da família que tenha habilidade com adolescentes pode ser outro meio de comunicação além dos pais para ajudar os adolescentes em seu caminho.

Os "desamparados", aos 18 anos

Ao completar 18 anos, o jovem se sente órfão e desamparado. Afastado do ninho dos pais, começa a procurar um amor que o

---

[34] Raymond Corrado e Jeffrey Mathesius. "Developmental Psycho-Neurological Research Trends and Their Importance for Reassessing Key Decision-making Assumptions for Children, Adolescents, and Young Adults in Juvenile/Youth and Adult Criminal Justice Systems, *Bergen Journal of Criminal Law & Criminal Justice*, 31 de dezembro de 2014. Disponível em: https://doi.org/10.15845/bjclcj.v2i2.707.

substitua. O foco durante esse período está no ego; assim, o jovem pode parecer egoísta e egocêntrico – ocupado demais para dar, embora ainda espere receber.

A busca de propósito e razão de viver começa por volta dos 21 anos. Decepções e frustrações se tornam parte do processo. As pessoas nem sempre reagem da maneira que os adolescentes esperam e as coisas nem sempre acontecem do jeito que eles querem. Eles descobrem que não são tão poderosos quanto pensavam. Em decorrência de um padrão de gratificação instantânea comum na criação dos filhos hoje, muitos jovens dessa idade vivem em constante desilusão, pois sua vida já não é mais previsível. Podemos querer protegê-los de si mesmos, mas seus erros são necessários. Se um sucesso prematuro for alcançado aos 20 anos, talvez não seja satisfatório. Suas almas ainda precisam aprender que a realização não se baseia em circunstâncias externas.

E os jovens têm um senso interior de justiça inigualável que os impele a querer mudar o mundo graças ao seu senso inocente de que *tudo é possível*, fomentando uma paixão que muitos adultos perderam.

Os "conquistadores", aos 27 anos

Por volta dos 27 anos, decidimos seguir uma direção mais definida e tentamos descobrir para onde queremos ir, embora nossa decisão nem sempre esteja alinhada à nossa verdadeira missão. Com todas as nossas forças, avançamos como Dom Quixote contra os moinhos de vento, querendo ser heróis conquistadores enquanto lutamos para alcançar nossos objetivos. Esse estágio é identificado com facilidade por sua constante ação, pelo trabalho e pela demonstração. Sentimos necessidade de ser aceitos. Para provar nosso valor aos outros, tentamos atrair as pessoas ao nosso redor por meio de nossa busca de conquistas e bens materiais. Esta etapa é centrada no trabalho e, em geral, nessa fase procuramos sócios ou aliados que nos ajudem a alcançar nossos objetivos.

Os "buscadores do ninho", aos 36 anos

Aos 36 anos, talvez estejamos perto de alcançar alguma estabilidade. Os frutos do nosso trabalho nos dão alguma liberdade para formar um lar, uma família, ou defender uma causa social. Nessa etapa, temos maturidade para deixar nossa marca na sociedade por meio da nossa identidade. Em termos de carreira, muitos conseguem encontrar seu lugar na sociedade durante essa fase. A juventude e a energia dos trinta e poucos anos são propícias para atingirmos nossos objetivos – evidenciados por novas gerações que esperam para se casar mais tarde. O foco nessa fase é a família e a comunidade de amigos com quem compartilhamos os frutos de nossas metas.

Os "exploradores", a partir dos 45 anos

O ciclo em torno dos 45 anos é uma espécie de trampolim muito conhecido para se alcançar o despertar espiritual. À medida que chegamos perto da meia-idade, nosso mundo outrora agitado começa a desacelerar. Mesmo que não ocorra de fato uma mudança física, um estágio de reflexão com certeza tem início. A insatisfação nos leva a questionar o caminho que escolhemos. Nessa fase, algumas pessoas abandonam seus caminhos anteriores e começam a buscar algo novo. Alguns se recolhem do mundo e se voltam para uma busca interior. Mergulhando numa jornada de autodescoberta, nos perguntamos se a nossa vida valeu a pena e se o nosso propósito se cumpriu de fato. O foco nesse momento pode fazer com que nos voltemos para os outros. A pergunta que talvez nos façamos é: "O que posso fazer por minha família e pelos outros?".

Essa fase pode envolver uma verdadeira montanha-russa de mudanças, conquistas instáveis e separações. É como uma nova fase da adolescência, embora breve. Com bons motivos, esse período é, às vezes, conhecido como "crise da meia-idade". Algumas pessoas podem sentir necessidade de se rebelar contra sua situação do momento e renovar seu guarda-roupa, comprar um modelo de carro mais recente ou mudar de ambiente, convencidas de que essa pode ser a última oportunidade de se encontrar e viver uma vida nova. A rebelião pode muito bem ser revertida; por exemplo, conheço uma mulher que decidiu se casar e constituir família aos 45 anos, depois de ter ficado solteira durante muito tempo por escolha própria. Foi uma rebelião do seu antigo eu.

É também um ciclo em que os filhos costumam deixar a nossa casa para viver suas vidas e, assim, a casa passa a ficar muito silenciosa, quase de um modo incômodo. A ausência de distrações pode nos revelar áreas da nossa vida que não estavam dando certo, mostrando-nos que a vida é breve e que a nossa maior riqueza pode estar em pequenos momentos no tempo e no dia a dia. Começamos a perceber que o verdadeiro segredo é aproveitar com plenitude cada momento no presente.

Os "sábios", dos 54 anos em diante

Este ciclo de sabedoria tem início aos 54 anos, em geral inspirado por um acontecimento importante. Começamos a compreender que não somos o que fazemos ou temos, mas, sim, a soma das nossas experiências e o resultado das sementes que plantamos, de quem amamos, do que nos foi dado e do que recebemos. Ao mesmo tempo, entendemos que também somos produto do que não demos e das oportunidades que *não* aproveitamos. Um processo de aceitação ocorre durante esse estágio, pois aprovamos o modo como escolhemos viver com nossas virtudes, nossas limitações e nossos fracassos. Na maioria dos casos, chegamos a um ponto em que desejamos viver a vida como somos, aceitando o bem e o mal sem a necessidade de manter falsas aparências ou de dar explicações aos outros. Por fim, abandonamos a vida que não escolhemos e usufruímos a vida que temos. Nesse ciclo, refletimos e chegamos a conclusões profundas sobre o verdadeiro sentido da vida e do que é de fato importante para nós.

Nessa fase, nossos filhos já têm vida própria, de modo que não lamentamos mais sua partida. Então, começamos a entender muitas das razões por trás de tudo o que não foi feito, assim como de tudo o que poderia ter ocorrido. Temos mais tempo para fazer as coisas "triviais" que sempre quisemos fazer – coisas que nos traziam alegria, mas, talvez, poucos benefícios materiais. Na busca de resgatar nossas paixões esquecidas, podemos nos matricular num curso de violão ou de fotografia, escrever poemas ou histórias, ser voluntários para ajudar crianças carentes ou resolver deixar um legado para um mundo melhor. Esse é um período de hiato no meio da nossa vida, quando se torna mais fácil aceitar as pessoas como elas são, sem fazer julgamentos ou criar expectativas.

Algumas culturas indígenas consideram que as mulheres depois dos 54 anos se tornam guardiãs da sabedoria. Se você fez seu trabalho espiritual e se sente realizado(a), pode ser um(a) sábio(a) nesse ciclo. A intuição se aguça, sobretudo nas mulheres, como relatam muitas culturas ancestrais. Você começa a compartilhar suas percepções e lições de vida com outras pessoas, em especial com os jovens, podendo ser um mentor, mostrando-lhes como realizar seus sonhos e alcançar suas esperanças. Grandes legados podem surgir desse ciclo.

O amor nesse período se expressa de um modo acolhedor; é quando passamos a criar um refúgio em casa para outras pessoas; é como um oásis no tempo para aproveitar a vida, as viagens e as atividades tranquilas, sozinho, acompanhado, como casal ou como família. Passamos a reclamar menos, uma vez que uma nova lua de mel se inicia, esteja você sozinho ou num relacionamento amoroso. Agora você tem tempo para aproveitar sua vida, sua sensualidade, sua espiritualidade e seu tempo presente – que é a única coisa que você de fato tem.

Os "alquimistas", aos 63 anos

Esse ciclo começa por volta dos 63 anos e assinala o início de um período mágico que alcança seu auge depois que completamos 80 anos, quando voltamos ao nosso lar original em direção à verdadeira realização. Se formos agradecidos pelo momento presente, esse estado de abundância interior estará disponível em qualquer momento da nossa vida. Depois dos 72 anos, doenças e falecimentos de amigos ou conhecidos queridos nos fazem lembrar com mais frequência que nada dura para sempre, que tudo acaba e se transforma. Você percebe que a única coisa que de fato tem é o agora, o momento presente, e também é uma fase em que você recebe os frutos do que plantou, sejam financeiros, físicos ou emocionais.

Nesse ciclo nos tornamos alquimistas, transformando experiências como que de carvão em diamantes de aprendizado. Desfrutamos da beleza simples da música, da conversa, da pintura, da contemplação de uma flor. O tempo se torna muito importante nessa fase e não deve ser desperdiçado em nada além da convivência com seus entes queridos e do compartilhamento de seus passatempos favoritos, do convívio com a natureza, do contato com a arte, do serviço ao próximo, das risadas e do silêncio. Esse é também um momento para criar um legado pessoal.

A idade da "magia", depois dos 80 anos

Nessa etapa da vida, as pessoas que tiveram uma consciência espiritual e plantaram sementes sadias de harmonia e amor ao longo da vida podem passar por um novo e profundo despertar espiritual. A nova consciência de melhores cuidados com a saúde é responsável por prolongar a vida e, como resultado, alguns vivem uma juventude eterna e ainda podem realizar algumas das suas atividades favoritas e de outras de natureza física mais leve. Por outro lado, outros que se encontram um pouco além desse estágio voltam à infância uma última vez antes de retornar à sua origem. Alguns perdem a memória ou as habilidades fundamentais necessárias para sobreviver por conta própria, e podem precisar de ajuda para andar, comer e cuidar das suas necessidades mais básicas. Essa derradeira experiência de dependência tem o objetivo de ensinar uma lição tanto de extrema paciência para a pessoa afetada quanto de aceitação para seus familiares antes que o ciclo de vida física se complete. É possível considerar essa fase não tanto como de sofrimento, mas como um novo nascimento do espírito. Observei essa realidade no convívio com minha mãe: a alma de uma pessoa pode de fato se transformar para melhor quando partes do corpo ou da mente ficam prejudicadas. Orações podem fazer milagres.

A morte, um novo renascimento

De uma perspectiva terrena, a morte é o fim do último ciclo. A maioria das pessoas tem medo da morte e evita até mesmo mencionar a palavra; as pessoas esperam, por uma perspectiva irrealista, viver para sempre. Para muitos em nossa cultura, essa aversão à morte aos poucos se transforma em negação. A sociedade ocidental ensina que a morte de alguém é um evento sinistro e trágico, quando, na verdade, é o momento mais significativo e mágico na vida de uma pessoa. Sem a menor dúvida, a morte é um renascimento. Como uma lagarta, perdemos a nossa velha casca e ganhamos asas. Se tivermos deixado para trás os nossos apegos terrenos, pode ser um momento de celebração.

Apesar de sentirmos falta de um ente querido, precisamos estar preparados para o fato de que a morte neste mundo é tão certa quanto o nascimento. Todos nós iremos, enfim, partir, e alguns partirão antes de outros. Não podemos controlar a hora da morte. A ideia de manter alguém vivo de modo artificial não é um processo natural. Sobrevenha a morte do modo que for (velhice, doença prolongada, acidente súbito), acredito que é um evento especial tanto nos planos celestiais quanto terrenos. Como o céu está além do tempo, os seres de luz podem prever a morte e atuar nessa aparente sucessão de coincidências que acontecem quando alguém parte, garantindo que os que ficam recebam todo o apoio e toda a assistência que forem necessários para superar o luto.

Às vezes, o falecimento ocorre logo depois de um parente visitante se despedir, pois muitos acamados preferem dar o último suspiro quando seus entes queridos não estão presentes. Isso não é casualidade, visto que os anjos e os seres que o acompanham – em geral, amigos e parentes do moribundo que já deixaram o corpo físico – estão presentes no momento da partida. Eles estão cientes da dor e do apego de seus familiares, o que, às vezes, torna esses eventos mais difíceis para todos. Outras vezes, porém, a situação exige a presença dos familiares até o instante final.

É bastante comum constatar que depois da morte de um parente, ocorre um nascimento. Por vezes, é a volta de um membro da família há muito afastado que preenche o vazio deixado, ou mesmo de um novo parceiro, um casamento ou uma oportunidade única. Com frequência, o falecimento de um ente querido coincide com o início de um novo propósito, como quando seus parentes decidem homenageá-lo instituindo uma causa em seu nome.

Depois da surpreendente e trágica morte do seu melhor amigo, o escritor Luis Miranda concluiu: "Às vezes, é a morte que dá sentido à vida".

A história da água

A vida de uma pessoa é semelhante a uma gota de água, que começa sua jornada como uma névoa transparente (espírito) com o desejo de se tornar água corrente e termina realizando esse desejo por meio da condensação (seu nascimento). Transformada em gota, inicia sua jornada aventureira através do solo, das pedras, das montanhas e dos céus (processo de purificação). Assim como os seres humanos, a água se transforma de acordo com suas experiências. Pode se integrar a um lago tranquilo ou, então, a um ciclone furioso. Há momentos em que a gota sente o frio do gelo, e há momentos em que sente o ardor do Sol. O derretimento sob o calor implacável apenas eleva a gota de água aos céus para que esta se torne a névoa elusiva que era quando tudo começou. Às vezes, uma gota sente a dureza e o peso no granizo, mas sempre recebe abrigo na suavidade das nuvens. Algumas gotas chegam ao mar, enquanto outras permanecem nas camadas abaixo da Terra.

A mesma coisa acontece com os seres humanos. Alguns enfrentam os mares com coragem, outros permanecem nas sombras, escondidos debaixo da Terra, na segurança de suas profundezas. Dada a inevitável lei dos ciclos da vida, todas as gotas de água e todos os seres humanos se transformarão para terminar sua jornada e retornar à sua forma original – a gota de água retorna à névoa e o corpo humano retorna ao espírito.

> *Nascimento e morte não são dois estados*
> *diferentes; são dois aspectos do mesmo estado.*
> *– Mahatma Gandhi*

Se pudéssemos visualizar a hora da nossa morte com os olhos do espírito, nós a veríamos como um momento mágico – quando as portas do céu se abrem e tudo se transforma em cor e luz. Alguns até conseguem sentir essa magia por ocasião do passamento de outra pessoa. O ideal é que nos esforcemos para assegurar ao moribundo que todas as pendências, as dívidas, os filhos ou quaisquer ressentimentos possam receber a devida atenção. Quem parte precisa saber que os que ficam estarão bem.

Infelizmente, muitas vezes os hospitais não têm espaço adequado para atender a esse momento especial de extrema transcendência, um momento em que um ser humano termina sua jornada e conclui todos os ciclos da vida terrena. Entes queridos que já partiram retornam para guiar os recém-falecidos em sua jornada através do túnel de luz.

Em algumas culturas, é comum fazer orações, expressar gratidão e até mesmo celebrar a morte com alimentos e músicas. Há dois presentes excelentes que podemos dar aos nossos entes queridos antes de partirem. Um deles é ajudá-los a se conectar com a luz de Deus por meio da oração, seja a do pai-nosso ou a da tradição familiar, guiando a alma para a luz. O segundo presente é assegurar à alma que parte que a sua família continuará vivendo com alegria e com a certeza de que um dia se reencontrarão. O céu não é um lugar distante, mas um estado elevado de consciência um pouco além de um véu – um novo ciclo que começa na espiral da vida.

A vida na Terra é breve, e colheremos apenas os frutos espirituais das sementes que plantamos. O solo e todas as ferramentas físicas que usamos para plantar e colher nossos frutos permanecerão com todas as outras coisas na Terra que não nos pertencem. Por isso, é melhor viver uma vida plena para que possamos morrer em paz.

Os ciclos e os nossos relacionamentos

Quando não entendemos os ciclos, sobretudo na vida em comum com nosso parceiro e nossos filhos, é de esperar que eles sintam e reajam de modo diferente da que é própria do ciclo em que estão vivendo. Não conhecer a dinâmica dos estágios e dos ciclos do nosso parceiro pode criar uma falta de compreensão tão grande a ponto de prejudicar a relação.

Um exemplo claro de incompreensão dos ciclos é o do casal formado por Isabel, de 33 anos, e seu noivo Carlos, de 45 anos. Isabel está em seu período de conquistas, sonhos e ação, enquanto Carlos já viveu sua fase de realizações e está chegando à crise da meia-idade. No momento, ele se sente insatisfeito e questiona se as escolhas que fez valeram a pena. Também está em busca de encontrar sentido e descobrir qual é a sua missão na vida. Ambas as motivações são válidas em cada um de seus estágios particulares. Mas poderá haver conflitos se Carlos julgar os comportamentos impulsivos de Isabel como frios e egocêntricos ou se Isabel questionar a falta de determinação de Carlos. Para piorar, a mãe de Isabel, que tem 60 anos, não compreende muito bem as ambições de Isabel e insiste o tempo todo em recomendar que ela viva sem lhe incomodar. Isabel sente-se presa entre duas concepções diferentes de mundo, o que acaba por esgotar as suas energias.

Conhecendo os ciclos das outras pessoas e compreendendo que nem todas navegam no mesmo ritmo, podemos dar-nos uns aos outros a liberdade de viajar pelos ciclos em paz, cada um no seu ritmo e sem interferências negativas.

Mesmo quando temos a intenção de seguir o plano de Deus e observar os ciclos, ainda podemos encontrar águas tempestuosas e incertas. Mas então não se trata mais de lutar contra ou ser arrastado pelas correntezas, pois sabemos que sempre poderemos invocar a sabedoria divina para nos guiar. Assim, devemos convidar e aceitar a orientação divina em nossa vida em todos os momentos, pois Deus está acima de todos os ciclos.

CAPÍTULO 11
Regras do jogo da vida

Era uma vez um jovem que tinha um grande objetivo na vida: queria ser o melhor jogador de futebol do mundo. Ele treinava muito para aprender as técnicas mais recentes do jogo e realizava exercícios complexos de um modo incansável. Um belo dia, o técnico, enfim, lhe deu a oportunidade de jogar; logo nos primeiros minutos do jogo, ele fez um gol impressionante. Tudo o que conseguia ouvir eram as gargalhadas e os clamores retumbantes dos espectadores. O rapaz fechou os olhos para saborear o que acreditava ser uma ovação de todo o estádio, até que de repente um tomate o atingiu na cabeça. Ao olhar ao redor, deu-se conta do que estava acontecendo: o público o vaiava a plenos pulmões. Desnorteado, não conseguia entender a situação. Começou então a caminhar na direção dos companheiros agrupados, mas o técnico apontou para a beira do gramado e o tirou do jogo.

— Treinador, o que você está fazendo? — perguntou o jogador, confuso. – Acabei de marcar um gol incrível!

— Incrível, sem dúvida — respondeu o treinador, bastante incomodado. — O problema é que foi um gol contra!

O jogador estivera tão absorto em sua técnica e concentrado em sua necessidade egoísta de aplauso que se esqueceu de prestar atenção em que time jogava e em sua posição no jogo. Essa história é um exemplo excelente de como muitos de nós vivemos nossa vida. Não há ventos favoráveis se você não sabe para onde está navegando. Do mesmo modo, até as mais modernas ou sofisticadas técnicas de meditação, materialização e alquimia de pouco ou nada servirão se você não conhecer seu time e o objetivo do jogo.

Para participar de um jogo, antes de tudo precisamos saber quem somos e onde estamos. Como todos nós fazemos parte de uma equipe, temos de aprender a trabalhar juntos para vencer o jogo, alcançando, assim, o mesmo objetivo. Também é fundamental entender as regras do jogo. Precisamos saber identificar nossa posição, nossa missão e nosso propósito nesse jogo da vida. Embora seja maravilhoso conhecer as leis que regem o Universo, é ainda mais importante descobrir a que time pertencemos. Há dois times: Deus e nós. Precisamos perguntar se nossas ações estão servindo a Deus e ao todo ou se vivemos para os objetivos do nosso ego.

A diferença entre sonhos e desejos

Todos nós temos o direito de seguir nossos sonhos. Mas precisamos nos perguntar: quais são as verdadeiras intenções que movem alguns deles? Eles procedem do nosso eu interior ou são apenas um *desejo* do nosso ego? Para saber a diferença, é importante conectar-nos à vontade divina ou à *consciência superior*. Os sonhos que provêm da alma se realizam de maneira natural e espontânea.

Os sonhos se manifestam de duas formas: a forma *obsoleta*, que consiste em criar por impulso da nossa vontade; e a *nova*, por meio da qual o plano perfeito de Deus se revela com naturalidade. A semente de uma árvore não conspira nem manipula. Quando nos alinhamos à vontade de Deus, deixamos o caminho aberto para que sua orientação chegue até nós.

Como podemos entrar em sintonia com seu plano? Uma maneira é empenhar-nos em ser flexíveis e aceitar as coisas *como* são. Quando nós nos entregamos ao plano da alma, ela nos provê as condições favoráveis de que precisaremos para cumpri-lo. Os ajustes da nova vida talvez nem sempre sejam do seu agrado, mas sempre lhe trarão paz verdadeira. Por exemplo, se você trabalhar para uma empresa que exija que você faça horas extras, que o impeça de passar tempo com sua família ou que o obrigue a vender produtos contrários aos seus valores morais ou éticos, você vai querer mudar de emprego. Se decidir continuar nessa empresa a despeito das contradições, é possível que perca o emprego sem que tenha dado motivos para isso.

Com frequência, o que parece uma perda é, na verdade, uma oportunidade disfarçada que pode direcioná-lo aos seus verdadeiros sonhos e propósitos. Um desejo difere de um sonho; o desejo procede do apego, que é obtuso e está em desarmonia com o seu verdadeiro plano ou com o plano dos outros. Assim, um objetivo nascido do apego sempre resulta em dor e ansiedade, enquanto sua expressão mais elevada sempre trará alegria, porque faz parte de um plano perfeito: o plano de Deus.

Um sonho nasce de um coração pleno para doar;
um desejo brota de um coração vazio para receber.

De acordo com Dada, a melhor maneira de construir um sonho e não um desejo é rezar pedindo orientação: "Protege-me, Deus querido, até mesmo dos meus sonhos". O único propósito de um sonho é incentivá-lo a cumprir seu verdadeiro destino, permitindo-lhe alinhar-se com a vontade de Deus. Enquanto você aprende a discernir entre sonhos e desejos, seus objetivos devem ser considerados apenas como uma opção em que você se desvincula dos resultados. Se você se apega a um resultado específico, esse desejo pode acabar afetando todas as áreas da sua vida. Essa é a fórmula para o fracasso por ambição excessiva. Assim, os sonhos devem ser apenas uma preferência, não um requisito para a felicidade. Para se livrar de apegos dolorosos, não deixe seus sonhos dependerem de ninguém além de Deus. Em geral, desconhecemos a origem de um sonho e também suas consequências ao realizá-lo. Só o tempo pode revelar a verdade.

Vejamos um exemplo: Richard tem o sonho de se tornar o presidente da empresa em que trabalha. No fundo, ele sente que nunca foi o filho preferido do pai. Mas em seu subconsciente ele acredita que, ao se tornar presidente da empresa, provará ao pai que tem valor (uma crença egoísta). Assim, Richard nunca tem tempo para se dedicar ao seu desenvolvimento espiritual, nunca consulta Deus nem lhe pergunta sobre sua vontade e seus planos em relação a ele. Apenas trabalha o tempo todo para alcançar seus objetivos. Ele não percebe que, para realizar seus desejos, faz coisas que não condizem com sua integridade, inclusive convidar clientes para jantar fora várias vezes por semana e negligenciar a família.

Um dia, um cliente importante o convida para ir a um bordel. Incapaz de dizer não por medo de perder o negócio e, em consequência, a aprovação do seu chefe, Richard aceita o convite. Sua esposa descobre e, claro, fica indignada. Depois de suportar pela milésima vez a ausência do marido, decide, por fim, enviar-lhe os papéis do divórcio. Por ironia, no mesmo dia em que perde a família, Richard é promovido a presidente da empresa. No entanto, mesmo com seus novos escritórios com vista para a baía de Nova York, ele se sente o mais miserável dos homens. Embora tenha realizado seu sonho, ou, mais precisamente, seu maior desejo, ele acabou se sentindo o maior perdedor do mundo.

A possibilidade de Richard preservar sua integridade seria maior se sua consciência estivesse apoiada na sabedoria de Deus. Quando sabemos que Deus é a fonte de todo o nosso bem, apegamo-nos menos aos objetivos dos nossos desejos. Richard deveria ter dito: "Deus, tenho uma preferência. Eu gostaria de ser o presidente, desde que consideres apropriado e se esse desejo estiver de acordo com o teu plano, sem que eu tenha de violar minha própria integridade".

Quem sabe se a pessoa perfeita para o cargo seria outra pessoa, não Richard? Quem sabe se o desejo dele não impediu a empresa de ter mais sucesso? O fato é que só Deus conhece o resultado, e por isso devemos sempre consultá-lo a respeito de todos os nossos sonhos.

A lei da atração – ou será lei da distração?

Essa lei espiritual muito popular se baseia na crença de que cada objeto tem sua vibração única. A lei da atração mostra como induzir uma vibração diferente por meio da vontade, aplicando uma técnica específica para alterar nossas vibrações, tendo como objetivo atrair o que buscamos. Como podemos ter certeza de que o que atraímos é de fato o melhor para nós? O problema de usar nossa vontade para atrair nossos sonhos é que só podemos desejar coisas, eventos e pessoas de acordo com nosso estado atual de consciência.

Por exemplo, se um traficante conhecesse essa lei, ele poderia usá-la para fazer seu negócio se desenvolver. Ele poderia muito bem alcançar seu objetivo porque essas leis operam de modo impessoal. No entanto, de acordo com outra lei – a lei de causa e efeito –, haveria consequências terríveis para todas as pessoas que se tornassem viciadas, bem como para o próprio traficante. Da mesma maneira, se descrevermos essa lei da atração a uma mulher com baixa autoestima e ela a usar para atrair um parceiro, talvez ela atraia para si a pessoa menos apropriada, alguém que ela deseje de modo incondicional. Atraímos de uma maneira natural as pessoas e situações que refletem nosso estado mental interior.

A lei da atração pode ser usada de duas maneiras opostas: uma consiste em recorrer ao nosso poder limitado, sem a ajuda de Deus. A outra consiste em permitir que a nossa expressão mais elevada se manifeste de modo natural por meio da nossa conexão com Deus. Quando escolhemos o caminho de Deus, sua inteligência divina sempre nos traz o resultado mais favorável.

Quando se trata da realização dos nossos sonhos, Deus sempre tem a ideia melhor.

A princípio, é preciso buscar a conexão divina, estar em harmonia com ela e trabalhar a consciência, para, então, perseguir nossos sonhos. Se agirmos de outra maneira, tentando impor a nossa vontade, tropeçaremos no que chamo de "lei da distração", uma técnica para alcançar somente coisas e desejos que nos distraem e nos desviam do nosso verdadeiro propósito de vida e do nosso bem maior.

Buscai em primeiro lugar o Reino de Deus e a sua justiça, e todas essas coisas vos serão dadas por acréscimo.
– Mateus 6,33

O gênio da lâmpada mágica

Um belo dia, acordei e me dei conta de que estava usando a mente universal como se fosse um gênio numa lâmpada mágica. Em vez de pedir a Deus, eu exigia que todos os meus desejos fossem atendidos de imediato. Percebi que, para encontrar a verdadeira felicidade, eu precisava fazer exatamente o contrário. Em vez de esperar que o gênio me atendesse, eu devia aprender a olhar para o céu e dizer: "Meu Senhor, teus desejos são ordens para mim. Faça-se a tua vontade na minha vida!".

Sem dúvida, meu mestre Dada sabia a resposta. Sempre que eu lhe questionava sobre as leis secretas do Universo, ele sorria, apontava o dedo indicador para o céu e dizia com toda a tranquilidade: "Sharon, Deus é o segredo". Hoje, entendo que só Deus sabe o que é de fato melhor para mim. Estamos todos conectados e temos acesso a um campo de possibilidades latentes. Mas o ego pode criar tanto problemas quanto boas experiências. A diferença entre manifestar experiências positivas ou negativas vem da sua intenção, e, como na história do jogador de futebol, você precisa saber de que lado está. Alguém pode estar alinhado com o plano divino e se tornar um líder espiritual como Gandhi ou, então, fazer um pacto com as forças das trevas e se tornar um líder destrutivo como Hitler.

O poder sem consciência leva à destruição. Valores, amor e intenção positiva fazem a diferença entre um sonho e um desejo. Ter um sonho não implica controlar ou manipular a vontade de outras pessoas. Refiro-me não só aos poderes de persuasão de algumas campanhas políticas e publicitárias, mas também aos que recorrem à feitiçaria. Desesperados, muitos procuram a magia negra para realizar seus sonhos, colocando-se, de um modo perigoso, nas mãos de quem vende poções e rituais para manipular o livre-arbítrio do outro. Todos nós temos o direito de encontrar maneiras de nos sentir melhor, mas devemos ter cuidado para não infringir as leis espirituais. Qualquer ação que tente influenciar ou interferir na escolha individual ou no livre-arbítrio de outra pessoa não é de Deus, porque nem mesmo ele interfere no direito ao livre-arbítrio de um ser humano.

PARTE IV

O PROCESSO DE CONEXÃO

CAPÍTULO 12

Sete etapas para viver seu verdadeiro propósito

Cada um de nós tem fixada dentro de si uma imagem original, um esboço perfeito do plano ideal. Ao contrário do que se acredita, a expressão mais elevada de nós mesmos revela-se, não se cria. Assim como a semente de uma árvore contém seu projeto de crescimento e florescimento, nós também temos um esquema original interior perfeito, apenas à espera das condições favoráveis para se expressar. Quando adotamos um plano estranho ao nosso verdadeiro eu, nos esquecemos da nossa imagem original e nos afastamos da nossa essência.

O Processo de Conexão: sete etapas para conectar-se com o seu propósito de vida

A técnica do Processo de Conexão, com sua sequência de sete etapas, é, sem dúvida, um recurso valioso para produzir uma mudança fundamental com o objetivo de melhorar a nossa vida. Descobri essa sequência por acaso durante minhas atividades de apoio a amigos que tentavam identificar seu verdadeiro propósito. Na minha experiência, essas etapas são muito eficazes, se não milagrosas, para que a pessoa encontre seu propósito. Antes de conhecer essa técnica, eu havia testado muitas outras, inclusive a antiga técnica de visualização para manifestação, também conhecida como lei da atração. No entanto, nunca me senti satisfeita por completo com essa alternativa. Mesmo quando alguns dos meus sonhos se concretizaram, não resultaram em felicidade duradoura, pois não chegaram à raiz da minha insatisfação. Muitas vezes, pioraram ainda mais as minhas condições. Eu me sentia como um alquimista desajeitado, e a expressão "cuidado com o que você pede" me servia muito bem. Mais tarde, percebi que o maior erro que cometi ao buscar essa fórmula foi omitir o ingrediente mais importante: Deus.

Quando passei a renunciar à minha própria orientação cheia de limitações e a me entregar à vontade divina, aos poucos, comecei a ter uma experiência de vida mais positiva. Devo admitir que, no início, as mudanças nem sempre pareciam positivas. Precisei aprender a deixar de lado muitas coisas que, a princípio, achava que me faziam bem.

Trabalhar sobre nós mesmos é desobstruir, abrir espaço para o poder de Deus. Aprendi que precisava afastar-me de conhecidos, de relacionamentos, de lugares e de situações que não me serviam mais. Percebi que esse é um processo contínuo. Não podemos esperar viver uma nova vida fazendo ao mesmo tempo as mesmas escolhas tolas que nos colocaram numa situação desfavorável. Com Deus, tudo é bom, e ao caminhar com ele, mesmo em meio à turbulência, você pode ter certeza de que tudo estará a seu favor. Embora as razões por trás do caos nem sempre sejam perceptíveis, você pode confiar que, mais adiante, Deus revelará a verdade que você precisa conhecer.

Sempre é possível aperfeiçoar-se. Mesmo que você esteja satisfeito com o seu estado atual, asseguro-lhe que a possibilidade de uma expressão mais elevada de si mesmo está sempre presente. Essa oportunidade começa pedindo à sabedoria divina que lhe mostre o que precisa ser mudado, pois ninguém consegue mudar o que não vê e o que não percebe em si mesmo.

O livre-arbítrio

Submeter sua vontade não significa abrir mão do seu direito de escolha, mas, sim, dar permissão à sabedoria superior de Deus para que se revele por seu intermédio. A sabedoria da qual você faz parte e que permeia o Universo lhe mostrará as escolhas certas por meio do poder do amor. A essa sabedoria superior pessoal eu dou o nome de Deus. Entregar-se é harmonizar a sua vontade com a vontade de Deus.

Para viver sob essa orientação divina, você precisa aprender a se submeter à sua vontade de modo voluntário. Ele não irá impor-se a você. Deus só entra em nossa vida se lhe concedemos permissão. Se estivermos prestes a saltar de um prédio de quinze andares, Deus pode nos avisar, mas não nos impedirá de fazer essa escolha perigosa. Esta é a lei: ele nos concedeu o poder do livre-arbítrio, que nos permite tomar decisões em todos os momentos, mesmo quando essas decisões são contrárias ao nosso próprio bem. Qual é então o propósito do livre-arbítrio?

O livre-arbítrio é o poder que Deus nos concede para que, por nossa própria vontade, possamos retornar à vontade dele sempre que assim o decidirmos.

Quando aprendemos a abrir mão do nosso controle imaginário, percebemos que há uma ordem superior em ação no Universo. Humildade significa ver que, por mais que tentemos, não podemos mover as estrelas, adiantar as fases da Lua ou atrasar a chegada de cada novo amanhecer. Sempre que não estamos conectados e em harmonia com a vontade de Deus, nossas decisões desalinhadas atrapalham a expressão plena do amor que está disponível por intermédio de nós. Tentar controlar o mundo é o oposto de permitir que essa ordem natural se manifeste em nossa vida.

Abandonar essa falsa necessidade de controlar é a única solução lógica, uma vez que um livre-arbítrio desconectado só consegue bloquear toda a bondade que Deus tem em reserva para nós. Um exemplo claro disso é o estado atual do nosso planeta. Estamos vivendo numa Terra que esgotou demais seus recursos como consequência da insanidade e das escolhas erradas que fizemos por causa de nossa ganância. Um livre-arbítrio doente que não é guiado pela sabedoria do amor será governado por falsas crenças e pelos medos da nossa mente. O que a maioria das pessoas acredita ser uma manifestação de seu livre-arbítrio, em geral é apenas uma reação ao medo – não uma decisão consciente guiada pelo amor.

A solução para essa situação é abandonar nossa arrogância e a ilusão de que nós mesmos podemos administrar o Universo sem a ajuda divina. Em vez de carregar o peso do mundo em nossos ombros, podemos escolher trabalhar juntos, orientados por nosso livre-arbítrio coletivo quando este estiver alinhado ao desejo de Deus. Mais e mais pessoas devem unir sua vontade de amor, aceitando seu papel como um grande instrumento para o bem de todos. Somente a inteligência divina compreende a posição que cada um de nós deve ocupar neste mundo para avançarmos juntos, unidos como planeta.

Quando as coisas vão bem em nossa vida, não paramos para pensar na alternativa de abrir espaço para a vontade de Deus. Em geral, é apenas quando as coisas dão errado que pensamos em rogar a Deus em oração – o momento em que levantamos nossas mãos para o céu e clamamos: "Não posso mais fazer isso. Entrego tudo a ti". Eu tive uma experiência semelhante aos 27 anos, num momento em que me senti tão perdida na escuridão que não tive escolha a não ser invocar a Deus. Por outro lado, quando me rendi, senti-me arrastada por uma força que me direcionou para a luz. A rendição final coincide com o momento em que vemos milagres começando a acontecer. Entregar sua vontade a Deus não significa abandonar seus sonhos ou renunciar ao seu direito de escolha. Significa apenas que você escolhe, com liberdade, permitir que Deus guie todas as suas ações. Tornar-se um canal natural para a expressão divina é um convite de mão dupla. Deus o chama na medida em que você o chama.

Às vezes, algumas pessoas me dizem algo como "Eu entrego minha vontade a Deus o tempo todo e nada acontece. Deus não responde!". Com frequência, essas pessoas não conseguem ver que, por estarem preocupadas, de modo inconsciente, não estão entregando toda a sua vontade. Um forte apego, mesclado com ansiedade, interfere nesse processo.

Ansiedade é a indicação de que não nos entregamos.

As etapas descritas na seção a seguir ajudarão você a estabelecer essa conexão com Deus. A rendição não é um ato que se realiza uma única vez, mas, sim, um compromisso, assumido por toda a vida, de ouvir sua voz interior. Quando você se render a Deus e à sua orientação, sentirá de imediato que seus fardos começarão a diminuir, e a paz, a ocupar o espaço das suas preocupações.

Recomendo enfaticamente que as pessoas sigam essas etapas com fé e honestidade. Comece examinando uma situação ou uma emoção que o esteja impedindo de ter de fato paz neste momento. Você perceberá que todos os capítulos anteriores foram uma preparação para a prática das etapas a seguir.

Uma conexão sólida com a vontade de Deus o levará a uma vida plena.

Processo de conexão

Etapa 1: *auto-observação*

Pare um momento e faça algumas respirações profundas até relaxar por completo. Parado, observe a situação que você escolheu, sem reagir nem criticar. Sinta com plenitude as emoções e perceba em que parte do corpo elas se localizam. O primeiro passo para a cura é a capacidade de sentir suas emoções e identificar seus sentimentos. Em seguida, sempre em silêncio, comece a se unir a Deus para que ele possa guiá-lo. Peça a ele que lhe dê novos olhos e dirija sua atenção para o seu interior. Faça isso de modo objetivo, sem culpa, esforçando-se para permanecer neutro ao examinar os hábitos e os comportamentos que o levaram a essa situação em particular.

Etapa 2: *aceitação*

Podemos viver a vida em diferentes níveis de consciência. O mais baixo ocorre quando acreditamos não ter controle sobre o que acontece conosco e nos consideramos vítimas de todas as nossas circunstâncias. Nesse estado, vivemos pela perspectiva de que só coisas ruins nos acontecem e passamos a acreditar que tudo é resultado da nossa má sorte. Ou culpamos os outros ou acreditamos que Deus está nos punindo. A aceitação é o mais elevado nível de consciência. É viver pela perspectiva da verdadeira responsabilidade e da luz, sabendo que muitas das nossas conquistas e dos nossos fracassos são a soma de todas as decisões do nosso passado. Ser responsável não é o mesmo que se culpar ou dizer que teve total controle sobre essas escolhas. Você não tem controle sobre as circunstâncias, mas pode escolher sua perspectiva. Ser responsável é ter a capacidade de responder de modo positivo ao inesperado. Aceitar significa entender-se com seu estado atual de ser. Quanto mais você resistir, mais a energia oposta se intensificará. É dito que tudo ao que resistimos persiste.

Aceitação e resignação não são a mesma coisa. Aceitação significa ser responsável e agir com uma atitude positiva e proativa, abordando nossas lições de vida com dignidade e responsabilidade e, ao mesmo tempo, mantendo nossas reações sob controle. Aceitamos a nós mesmos reconhecendo nossos defeitos, nossas sombras, nossos medos e nossas fraquezas – fazendo as pazes com todos eles. Observe-se com toda a sua honestidade e enxergue-se exatamente como você é hoje. Veja seu peso, sua saúde e sua situação financeira de uma perspectiva honesta e sem julgar. Se você perdeu sua casa ou sua parceira o deixou, é hora de aceitar. Afaste-se da negação, um dos melhores amigos do ego, e aceite *o que você é*. A aceitação é o pior inimigo do ego. Aceite com humildade o ponto em que você se encontra em sua jornada, sem adotar o comportamento de negação ou de culpa. Se você tiver consciência e aceitar sua posição na vida, estará mais perto de ver as próximas etapas necessárias para avançar na direção dos seus sonhos. A aceitação envolve a busca da paz; o oposto é resistir ou lutar contra a lição. *Aceite mesmo quando não estiver aceitando*. Não pode haver mudança sem aceitação.

Etapa 3: seja agradecido

Seja agradecido por tudo o que você tem: saúde, amor, uma parceira ou um parceiro, uma família, um teto que o abriga, um animal de estimação etc. Agradeça ao próprio Universo. Quanto mais você agradecer, mais receberá da vida. Pratique o agradecimento por seus dons, suas dádivas e suas virtudes, e também por seus defeitos. Agradecer é uma homenagem a Deus e à natureza. É uma maneira de confirmar que você tem consciência da sua conexão com o todo. Não estou dizendo que você precisa ser grato por suas dificuldades, mas pode agradecer pelo bem que Deus lhe envia a cada lição recebida – pois até uma queda pode ser uma bênção disfarçada quando Deus lhe mostra como usá-la evitar um resultado pior no futuro. Cada lição aprendida o leva para um passo mais próximo dos seus sonhos. Permita que Deus compartilhe seus milagres com você, sendo grato. Tudo tem uma razão de ser. Lembre-se de que até estrelas e galáxias têm uma ordem a seguir. Às vezes, só conseguimos compreender a luz quando passamos pela escuridão.

A escuridão é apenas um lembrete para voltarmos nossa face para a luz.

A história do náufrago

Depois que o navio em que viajava afundou, um náufrago perdeu tudo o que tinha, mas ele conseguiu nadar até uma ilha deserta. Pouco a pouco, construiu uma cabana com troncos e folhas de palmeiras. Dia após dia, ele esperava que alguém o resgatasse. Com o passar do tempo, como ninguém aparecia, seu desespero começou a aumentar. Certo dia, ao voltar da pesca, ele viu uma fumaça no céu. Ele correu para ver o que havia acontecido e encontrou sua cabana, sua única posse, totalmente destruída. Isso era mais do que ele podia suportar. Sentindo raiva de Deus, ele gritou: "O que mais vais tirar de mim? Já não me sobra mais nada!". Então, ele desabou soluçando.

Naquele mesmo momento, um forte barulho vindo do alto interrompeu suas lágrimas. Ele olhou para cima e viu um helicóptero pousando a uma curta distância dele.

— Vocês vieram! — ele gritou para os homens que chegaram para resgatá-lo. — Como vocês me encontraram?

O piloto sorriu e apontou para as cinzas fumegantes da cabana.

— Nós vimos a fumaça do fogo.

Agradecer significa acreditar que, mesmo que não consigamos perceber de imediato, há uma ordem por trás do Universo. Cada lição esconde um presente que fará sentido no final da jornada — uma dádiva que pode mudar sua vida para melhor.

Etapa 4: invocação da vontade de Deus

A vontade de Deus é também conhecida como expressão maior. O nome que escolhemos para chamá-lo não é importante. Só existe um Deus. É fundamental que entendamos que Deus é amor. Submeter-se não significa desistir dos nossos direitos de escolha para um ser manipulador, impulsivo e implacável. No Ocidente, esse modo de pensar equivocado faz com que muitas pessoas tenham medo de se render à vontade divina.

Seguir a vontade de Deus significa ajustar-nos à melhor conclusão e ao possível resultado em qualquer área de nossa vida. É fluir com os rios da sua orientação. É receber sua assistência e sua sabedoria para escolher o melhor caminho, pois, muitas vezes, o que parece o melhor caminho revela-se uma direção errada. Nossos sentimentos podem nos enganar.

Essa etapa consiste em convidar e invocar de modo consciente a assistência divina, permitindo e aceitando a solução por meio da sua inspiração. Como vimos, todos nós temos livre-arbítrio, e Deus não intervirá se não for convidado. Deus sempre tem a resposta certa. O segredo está na atitude de conceder a nossa permissão. Sua assistência será adiada se não permitirmos que ele entre em nossa vida e assuma nossos desafios.

Muitos acreditam que Deus é silencioso em suas orações porque não desenvolveram o poder de permitir.

Tudo na vida é uma possibilidade, tudo carrega em si um potencial latente. A vida é uma tela em branco em que você pode desenhar a mais bela obra-prima ou criar o vale mais sombrio. Depois de caminhar com Deus, você ainda tem o pincel na mão e as ideias na mente. Você ainda pode aplicar cada pincelada, mas, se permitir, Deus lhe dará o esboço, lhe oferecerá uma visão da obra-prima finalizada e dirigirá com suavidade cada movimento da sua mão. Por que duvidar de sua energia e sua orientação, se ele é o verdadeiro criador que pintou a obra-prima perfeita de todo o Universo e o curador que também desenhou a melhor imagem da sua vida ideal, mesmo antes de você imaginá-la?

Não tenha medo de aceitar a vontade de Deus em sua vida, e entregue a ele a orientação do seu livre-arbítrio. A distinção entre pedir um resultado e apenas permitir a intervenção dele fará uma enorme diferença nas respostas que você receberá. Dê sua permissão entregando todo o seu ser no momento em que fizer com toda a sinceridade a oração de conexão apresentada a seguir, do mesmo modo que você faria um ritual solene. Ore da melhor maneira que lhe for possível. Vá a uma sinagoga, a um templo, a uma igreja ou a uma mesquita. Ou reze em sua casa, com ou sem velas. O resultado será o mesmo. Você pode fazer isso a qualquer hora ou em qualquer lugar e quantas vezes achar necessário. Seu conjunto de crenças pessoais é irrelevante, como também a forma como você vê Deus e a maneira como decide invocá-lo. Esta oração chegará a ele. Existe um único Deus, e ele dará uma resposta ao seu esforço.

ORAÇÃO DE CONEXÃO

Meu Pai, invoco a vossa presença celestial para que esteja sempre presente em todo o meu ser. Permito que a vossa vontade seja feita em todas as áreas da minha vida. Neste momento e sempre, permito que a vossa sabedoria trabalhe por meu intermédio. Convido vossa vontade suprema a guiar, abençoar e proteger todos os meus relacionamentos pessoais, minha família, minhas finanças, meus propósitos, minha saúde, meu ambiente físico, meu serviço e minha espiritualidade. Entrego minha mente, meus pensamentos, minhas emoções e meu espírito à vossa sabedoria para que possais harmonizá-los em vossa luz. Aceito ser instrumento do vosso plano por intermédio da vossa vontade, expressando, assim, o meu maior potencial por meio da vossa presença em mim. Usai-me de maneiras inimagináveis para mim. Fazei de mim um instrumento do vosso plano; tomai meus talentos, minhas mãos, minha voz, meus olhos, meus ouvidos, meu cérebro, minhas pernas e minha imaginação e abençoai-os com vossa vontade suprema de amor.

Amém!

Depois de nos rendermos a Deus para sermos orientados por ele – esse é um momento mágico –, você pode rir ou chorar de alegria. É essencial entregar de modo consciente as sete áreas da sua vida: seu corpo e sua saúde, sua abundância, sua espiritualidade, seu serviço, seus relacionamentos pessoais, sua família e seu verdadeiro propósito. Faça isso com fé e, depois de se entregar, livre-se por completo de qualquer preocupação com o resultado. Sua intenção é a parte mais importante do processo. Ao dizer EU ENTREGO, você dá a sua permissão e ajusta o seu livre-arbítrio à vontade de Deus, e esse é o fator distinto que opera milagres.

Se você acha que não está pronto para entregar todas as áreas da sua vida, ou se sente algum tipo de resistência interior, modifique essa oração e use as palavras EU ESTOU DISPOSTO em vez de EU ENTREGO. Isso é tudo que Deus precisa ouvir para entrar em sua vida. Uma pequena centelha é suficiente para iluminar um quarto escuro. A conexão está sempre presente, mas nos separamos do nosso bem sempre que duvidamos, que temos medo ou que desejamos algo incompatível com o nosso plano. Por causa dessa desconexão, precisamos estar alertas e dispostos a nos reconectar e nos entregar quantas vezes forem necessárias, sobretudo se sentirmos ansiedade durante o dia. Essa ansiedade indica que nos afastamos da orientação. Quando tentamos abastecer nossa energia com coisas e objetivos que não condizem com o nosso bem maior, nos sentimos esgotados. Quando a nossa fonte de energia vier de desejos, e não da nossa visão, parecerá que estamos conectados a uma bateria fraca, e não ao grande poder de Deus, que nunca se esgota. Contudo, a entrega a Deus fornece uma fonte eterna de energia, paz e verdadeira imunidade contra todos os apegos.

Depois de permitir que Deus trabalhe em sua vida, você pode esperar inspiração, ideias, novas perspectivas e a chegada de novas pessoas com uma nova mensagem. Escolha, então, agir com responsabilidade para cumprir sua missão. Permita-se ser conduzido. Você pode começar testando suas novas possibilidades com pequenos atos diários, escolhendo com a firme convicção de que já recebeu. Isso não significa que você estará livre de erros, mas o desapego a resultados os reduzirá ao mínimo possível.

Etapa 5: perdão
Perdoe a si mesmo pela situação em que se encontra no momento. Ninguém, nenhum de nós, é perfeito. Estamos aqui para aprender e para dissipar as sombras que reduzem a nossa luz por um tempo. Por isso, sem esperar, tome a decisão de perdoar todos os envolvidos na pendência que você gostaria de resolver.

Perdoando a nós mesmos, demonstramos que nos amamos. Perdoando outras pessoas, libertamos a elas e a nós. Não temos o poder de conceder a absolvição de Deus a outro ser humano, pois essa é uma prerrogativa divina. Deus sempre perdoa aqueles que querem ser perdoados. O simples pedido de perdão, sabendo que Deus nos perdoará, já nos liberta do sofrimento. Deus não culpa, assim como não culpamos uma criança pequena por seus erros. Certo, a ignorância da lei não nos poupará de algumas consequências. Do ponto de vista de Deus, o perdão não é um privilégio concedido, mas uma lição a se aprender. Uma lição de perdão pode levar um instante ou uma eternidade. "Hoje estarás comigo no Paraíso" (Lucas 23,43), disse Jesus ao ladrão crucificado ao lado dele. O processo de aceitação dos próprios erros é um assunto pessoal com Deus.

Não haveria necessidade de perdoar
se soubéssemos compreender.
– Padre Ignacio Larrañaga

Precisamos entender que somos vítimas de outros que já foram vítimas. Em algum momento, eles foram atacados de modo semelhante, criando, assim, uma grande corrente de sofrimento. Só Deus conhece de verdade toda a história da nossa vida ou da vida dos outros. E, embora ele perdoe, às vezes, é impossível eliminar as consequências dos nossos erros. Isso não significa que não devamos denunciar um crime. Perdoar não é desculpar o comportamento alheio, mas evitar que o mal cometido exerça seu domínio sobre nós.

O que podemos fazer é assumir a responsabilidade pelo que sentimos e abrir-nos à possibilidade de esquecer o que alimenta a nossa dor. Perdoar não é negligenciar a ofensa, mas superar o sofrimento. Embora algumas ofensas possam parecer imperdoáveis, podemos perdoar com a ajuda da graça divina.

Apenas Deus, operando por intermédio de nós,
pode conceder o verdadeiro perdão.

O verdadeiro significado do perdão

É importante ter consciência de que perdoar não é sinônimo de esquecer. Perdoar significa renunciar ao sofrimento causado pela lembrança da ofensa. É normal sentir tristeza, mas, se você continuar sentindo raiva, culpa ou remorso, é sinal de que ainda está revivendo a cena em sua mente. Mesmo que não se lembre da agressão de modo consciente, ela permanece dentro de você, afetando em silêncio seus outros relacionamentos. No entanto, quando perdoa, você pode contar a história sem o peso da vingança.

Às vezes, mais do que o ato em si, o que o atormenta é a interpretação da afronta e seu retorno constante à sua mente. Apesar de ter sido insultado, só você pode controlar suas ações e reações, suas interpretações e sua resposta. Você precisa renegar a crença de que é vítima, pois não consegue controlar o que outros perpetram contra você, mas sempre pode observar o episódio de uma perspectiva diferente.

O poder que damos às ações do agressor após o fato é uma interpretação do evento e, muitas vezes, é a verdadeira causa do sofrimento. Se você estivesse andando na rua e um bêbado começasse a ofendê-lo aos berros, talvez você achasse graça e não lhe desse muita atenção. No entanto, se uma pessoa próxima fizesse o mesmo, você se sentiria ofendido e magoado, talvez por toda a vida! Não obstante, o ato é quase o mesmo, a não ser pelo fato de que, no segundo caso, você autoriza o outro a atingi-lo por meio de suas interpretações ou pelo valor que atribui ao insulto, permitindo que ele o agrida.

Seu agressor é o primeiro a cometer o erro. Daí em diante, o fato de não perdoar faz com que você se torture cada vez que se lembra da agressão. A mente não distingue entre memória e realidade, por isso voltamos a sentir o sofrimento de maneira tão vívida quando o revivemos na memória.

Deixando de perdoar, você se acorrenta à pessoa que despreza e passa a carregá-la para sempre consigo. O perdão é a única maneira de quebrar a corrente e libertar o agressor. Do contrário, você permanece ligado a ele por um cordão invisível e, quando se lembra da ofensa, projeta nele seu veneno imaginário, mas não sem antes envenenar o próprio corpo, não sem se aprisionar ainda mais.

Prisioneiro ou guarda?

Muito tempo atrás, apenas duas pessoas viviam numa ilha isolada: um criminoso condenado e um guarda. O guarda resolveu colocar o criminoso numa cela e mantê-lo trancado. Como ninguém mais morava nessa ilha, o guarda precisava ficar dia e noite vigiando a cela para impedir que o criminoso fugisse.

Com o tempo, porém, ele começou a se dar conta de que esse procedimento representava um grande problema. Embora ele fosse um homem livre, pois não havia cometido nenhum crime, não podia desfrutar da sua liberdade mais do que o criminoso. Ele havia trancafiado a si mesmo!

A mesma coisa acontece quando não perdoamos: aprisionamos o outro, mas também a nós mesmos.

Prática: etapas para o perdão

A única maneira de manifestar o milagre do perdão é por intermédio de Deus. Com sua força, recuperamo-nos do sofrimento causado por quem nos ofendeu.

Talvez sua dor seja tão intensa a ponto de você acreditar que não consegue perdoar ou que não está disposto a livrar-se dela. Não obstante, é importante avaliar a possibilidade de fazer um esforço para recuperar-se, ciente de que está prejudicando a si mesmo e também as outras pessoas. Recusar-se a perdoar em uma determinada situação é a principal causa de doenças fatais;

por outro lado, muitos se recuperaram por completo depois de passar por um processo de perdão. Divido com você as etapas de um processo de perdão muito eficaz.

Disponha-se a perdoar. É possível perdoar mesmo nos momentos em que você se sente incapaz de fazê-lo, porque tudo o que Deus almeja é encontrar uma disposição em seu coração para praticar esse ato. Não é preciso negar seus sentimentos. Basta aceitá-los e assumir uma atitude de predisposição. Mesmo quando se sente incapaz de perdoar uma ofensa, duas palavras mágicas são suficientes para iniciar o processo: Estou disposto. "Estou disposto a perdoar e a me restabelecer." Comece repetindo essas palavras e, ao mesmo tempo, afaste de sua mente a lembrança do agravo. Sempre que pensamentos de ressentimento surgirem, repita: "Estou disposto a perdoar com a ajuda de Deus". Se entregar o seu sofrimento a Deus, você perceberá que, em algum momento, ele lhe dará a oportunidade perfeita para se libertar.

Sinta suas emoções, escreva-as numa folha de papel e, em seguida, queime-a. Escreva tudo o que você sentiu e ainda sente, expressando cada emoção – de raiva, rancor e mágoa – sem reprimir nada. Você pode escrever algo assim: "Estou sentindo muita dor; meu peito dói, minhas lágrimas são salgadas. Eu quero gritar!". Não contenha a sua dor. Se consegue senti-la, consegue também superá-la; mas, se a segurar, apenas a acumulará em seu corpo. Coloque toda a sua indignação, toda a sua frustração e todos os seus pensamentos nessa folha de papel, esvaziando-se de todos esses sentimentos. Ao terminar, queime o papel, irradiando ao mesmo tempo ondas de perdão. Ao jogar as cinzas fora, diga as palavras: "Isto também passará. Lanço fora todo o ressentimento que há em mim!". Depois, tire a situação da cabeça; recuse-se a ficar remoendo.

Reze pelo bem-estar do seu agressor. Rezar pelo bem do seu agressor pode parecer o ato mais difícil de praticar. De qualquer modo, faça um esforço. Quando a imagem da pessoa vier à sua mente, envie-lhe amor e diga: "Que Deus o proteja e que você encontre seu destino mais elevado no amor e na felicidade. Esse é o meu desejo!". Talvez suas palavras não fluam com sinceridade num primeiro momento, mas tenha certeza de que milagres acontecerão enquanto você continuar com esse exercício. Muitas pessoas agridem outras porque não têm alegria na vida. Quando encontram alguma satisfação de viver, deixam de insultar e ofender. Observe que, quando você envia uma oração de amor para outra pessoa, a princípio você mesmo sente amor. O amor recupera a ambos. Se você praticar esse exercício com fé, enviando amor, é possível que, na próxima vez que encontrar seu agressor, veja nele uma nova pessoa – o resultado do verdadeiro perdão que você dispensou. Lembre-se, você não consegue controlar os pensamentos, as escolhas e os sentimentos dos outros. Você só pode escolher ver as coisas pelo prisma do amor.

É recomendável, de vez em quando, fazer um balanço da vida e se perguntar se ainda guarda no coração ressentimento contra alguma pessoa, um grupo ou uma entidade. O objetivo dessa avaliação é ter um coração limpo, livre de culpas e ressentimentos.

Depois de praticar esta técnica, você pode alcançar uma nova compreensão da situação, que talvez chegue com um encontro ou com informações do passado que possam esclarecer o contexto geral. Esteja atento, pois essa revelação pode acontecer a qualquer momento ou em qualquer lugar. Caso se depare com uma oportunidade de perdoar e lhe ocorra um lampejo de compreensão da situação (perdão), procure aceitar o pedido de perdão expresso ou silencioso, sem medo ou orgulho.

Sentimentos de justiça ou raiva podem arruinar a oportunidade de libertar os que nos agrediram. Todavia, é sensato esperar com paciência o momento oportuno. Como dizem, não afague um cão bravo, pois, com certeza, ele morderá sua mão. Apenas reze, desligue-se e espere o momento propício. Se tentar forçar o perdão, talvez encontre uma parede; do mesmo modo, se esperar demais, poderá perder a janela da oportunidade. Se esperarmos demais, pode ficar tarde demais, e o ressentimento pode aumentar. Sob a tutela de Deus, há um tempo perfeito. Às vezes, somos orientados a dar o primeiro passo para abordar o ofensor. Já pedi perdão em casos em que a culpa não era minha, e a sensação de liberdade foi intensa. Caso sinta um forte impulso a agir, reze e diga: "Estou disposto a deixar que o meu ego seja humilhado ou ferido em troca da minha liberdade em relação a esta situação". Asseguro-lhe que a troca será muito compensadora. Um ego ferido por um ato de rejeição não é nada em comparação com a dor constante do sofrimento.

Alguns encontros não são aconselháveis ou interessantes, em especial quando o opositor é um delinquente ou um desequilibrado. Não é recomendável se envolver com alguém obsessivo ou que nos manipule ou tenha algum tipo de controle doentio sobre nós. Em casos de codependência ou obsessão, o melhor a fazer é manter distância e, se necessário, recorrer à intervenção de um profissional.

Você pode perdoar até mesmo uma pessoa que não está presente, consciente, acordada ou lúcida, alguém em recuperação ou mesmo já falecido, pois a alma não morre. Somos todos um, conectados por linhas invisíveis da mesma rede. Esses seres que partiram receberão todos os seus sentimentos, os bons e os ruins. Do mesmo modo, você receberá todas as respostas correspondentes aos seus sentimentos, afetando-os da mesma maneira, mesmo quando não estiver ciente disso.

Nunca vou me esquecer de falar a todos sobre a incrível sensação de bem-estar que sentimos sempre que escolhemos perdoar. De fato, o simples ato de perdoar abre portas antes fechadas para nós e pode resolver problemas persistentes. Fui testemunha de como o simples ato de ler a descrição desta técnica ajudou muitas pessoas a resolver de modo milagroso problemas antigos e arraigados.

Etapa 6: desligue-se e permita

A realização desse processo consiste em entregar a sua situação a Deus, sem gerar nenhuma expectativa, inclusive a da solução que você almeja ou uma reação específica desejada pelas pessoas envolvidas. Desligue-se do resultado. Se conseguir confiar e se isolar da situação – do medo, da culpa, da raiva e da autocompaixão excessiva que esta lhe causa –, tudo será resolvido pela inteligência de Deus, que é o mesmo poder que organiza os planetas e o Universo. Isolar-se do resultado não é deixar de agir, nem envolve resignação ou martírio; pelo contrário, envolve desobstruir o caminho para que os milagres aconteçam.

Não estou sugerindo que, ao desprender-se da situação, você deixe a Deus a responsabilidade de cuidar de tudo, esperando que ele aja em seu lugar. Você precisa fazer suas escolhas e coordenar suas ações, mas sempre de acordo com as orientações de Deus. Caminhando sob a direção de Deus, também precisamos estar cientes de que podemos cometer erros e aprender com eles, pois é somente pela prática, por tentativa e erro, que de fato aprendemos a discernir e identificar sua orientação correta.

A HISTÓRIA DO SÁBIO E DO VIAJANTE

Viajando pelo deserto, um homem encontrou um ancião sábio e começou a interrogá-lo a respeito de Deus. Ele queria entender alguma coisa sobre a vontade divina e saber se podia confiar em Deus de modo irrestrito.

O viajante, então, perguntou:

— O que devo fazer hoje à noite, antes de adormecer? Solto o meu camelo ou confio em Deus?

O sábio respondeu:

— Amarre o seu camelo e confie em Deus.

Cuide dos seus bens e de tudo o que é importante para você, viva com integridade e seja fiel aos seus valores. Entregue sua vida a Deus, mas viva aqui e agora, consciente, zeloso e responsável.

Você pode entregar sua vida a Deus, consciente de que não tem nenhum controle sobre o modo como as coisas vão terminar. Você só pode controlar sua atitude, sua atenção e suas escolhas. Não manipule as situações nem tente resolver as coisas com sua mente. Deixe tudo fluir; deixe que os acontecimentos sigam seu curso natural. Mas atenção: fique alerta. Ouça sua voz interior e aja no momento certo, quando os sinais forem claros.

> *Entregar-se significa desapegar-se dos resultados.*
> *Quando nós nos entregamos à vontade de Deus,*
> *não levamos mais em consideração o que ocorre do*
> *lado externo e passamos a nos ocupar com o que*
> *acontece em nosso interior.*
> – Marianne Williamson. A Return to Love

Reconexão

A conexão com Deus não é um processo único. Se você acha que houve uma interrupção, pode reconectar-se a qualquer momento fazendo a Oração da Conexão (Etapa 4 do Processo de Conexão) ou a oração absoluta da conexão com a vontade de Deus: o pai-nosso.

Se você é cristão, com certeza já rezou essa oração milhares de vezes, mas repetir de modo mecânico algumas palavras sem conhecer sua intenção apenas as mantém no nível da sua mente, sem atingir o seu espírito. Rezando com o coração, você sente o pleno significado de cada palavra.

Recitar essa prece ensinada por Jesus, com o sentido e a intenção para a qual foi criada, pode mudar sua vida de modo radical, seja qual for a religião que você professe. Suas palavras contêm todos os elementos necessários para que você entre em sintonia com a presença divina. Essa oração é o segredo supremo! Ele invoca a vontade de Deus para sua vida e reconecta seu propósito com a essência divina.

O Significado Secreto da Oração do Senhor

Pai nosso
Nosso único Deus. *Abba*, meu Pai, estais acima de tudo.

Que estais no céu
Estais no nível mais elevado da consciência do amor, além do espaço e do tempo. Onisciente e onipresente.

Santificado seja o vosso nome
Vosso nome é sagrado. Sois o santo dos santos. Rendo-vos reverências.

Venha a nós o vosso reino
Invoco a vossa consciência suprema, aqui e agora. Vosso reino está dentro de mim.

Seja feita a vossa vontade
Entrego minha vontade à vossa e aceito que trabalheis na minha vida [a conexão].

Assim na Terra como no céu
Que a vossa vontade seja feita e manifestada em todas as áreas da minha vida, do mesmo modo que se manifestou no céu, onde tudo é perfeito.

O pão nosso de cada dia nos dai hoje
Eu confio e dependo apenas de vós para atender a todas as minhas necessidades. Não vou me deixar levar pela ansiedade.

> *Perdoai as nossas ofensas, assim como nós perdoamos a quem nos tem ofendido*
>
> Perdoai-me, Senhor, como perdoo a mim mesmo e aos outros. Derramai a vossa divina graça e perdoai as minhas transgressões.
>
> *E não nos deixeis cair em tentação*
>
> Não me deixeis cair em dúvidas [desconectar-me] e seguir os sonhos equivocados.
>
> *Mas livrai-nos do mal*
>
> Livrai-me do meu ego, da divisão, do mal, do ódio e do medo.
>
> *Amém*
>
> Obrigado, porque sempre me ouvis. Assim seja.[35]

Por fim, agradeça mais uma vez por ter toda a sua vida entregue à vontade de Deus.

Etapa 7: divulgue a mensagem

Imagine por um instante que Deus e seus anjos estão observando a Terra do alto dos céus. Imagine também que todos os habitantes da Terra estão emitindo raios coloridos conforme o estado de sua alma. Digamos que raios de luz vermelha e raios de luz verde emanam das pessoas. A cor é como um sinal que identifica o estado de consciência. Os que querem ser seu instrumento de expressão incondicional enviam luzes verdes para o Céu; os que estão fechados à energia divina e controlados por seu ego emanam

---

35 Oração do Senhor, parafraseada. Mateus 6,9-13.

um vermelho-escuro. Qual seria a cor do seu raio? Quem Deus escolheria como instrumento de amor na Terra?

Se você se conectar à vontade divina, sua vida vai mudar, não importa o que você considere ter perdido, seja a saúde, um relacionamento, um ente querido, seu trabalho ou sua propriedade. Aos poucos, você verá sua saúde se recuperando, suas finanças se estabilizando e todas as áreas voltando ao seu devido fluxo harmonioso. Você voltará a ter paz interior, que, em essência, é o tesouro mais valioso que você pode possuir.

Se você tem tudo, mas não tem paz interior, você não tem nada. No entanto, se não tem tudo, mas tem Deus e sua paz, você tem absolutamente tudo. A paz interior é o resultado natural de deixar que a vontade de Deus o guie. Se você chegar a este estado, todas as suas verdadeiras necessidades serão atendidas, do mesmo modo que se dissipará tudo o que impede sua evolução.

A última etapa que o leva a manter um estado duradouro de paz interior e conexão envolve ajudar os outros a encontrar a própria conexão. Isso não pode ser feito por meio de pregação ou proselitismo, mas com a expressão natural de seu novo eu. Divulgar a palavra por meio da sua paz, de sua luz e de seus novos valores auxiliará as outras pessoas para que encontrem seu caminho de modo natural.

Se as pessoas percebem em você algo especial que elas apreciam, é sinal de que você está emanando paz, e esse é o momento perfeito para compartilhar, reconhecendo e atribuindo seus dons, suas vantagens e seu sucesso em direção à verdadeira fonte: Deus. Assim, você aplica a virtude da gratidão e, ao mesmo tempo, reconhece aquele que realmente merece todos os méritos: Deus, a fonte original de todas as nossas bênçãos, o verdadeiro significado da humildade.

O VERDADEIRO INVENTOR DO TELÉGRAFO

Em uma entrevista, perguntaram a Samuel Morse, cocriador do telégrafo e da codificação de sinais que leva seu nome, se ele se sentiu frustrado, perdido ou num beco sem saída durante o período em que fez seus experimentos na universidade. Morse respondeu com um firme "sim". Perguntado sobre a solução que encontrou para se acalmar nesses momentos, ele respondeu: "Pedia um pouco de luz". Perguntaram-lhe, então, se Deus o havia ajudado. Ele disse: "Claro que sim. É por isso que não me sinto merecedor de todas as honras que vocês me concedem. Deus quis dar este presente à humanidade, e sinto-me agradecido por ele ter me escolhido para entregá-lo ao mundo".

Essa entrevista ajuda a explicar por que a primeira mensagem que Morse enviou pelo telégrafo foi: "QUE OBRA DEUS TEM REALIZADO!" (Citação de Números 23,23).

Deus está à procura de maneiras de entregar milhões de presentes à humanidade pelas mãos dos que estão dispostos a se tornar seus instrumentos. Morse apenas tinha seus "raios de luz verde" voltados para o céu, para que Deus pudesse ver que ele estava lhe dando permissão para ser usado como um instrumento, e ele foi escolhido entre muitos bons cientistas para imaginar e concretizar essa invenção. Mais importante de tudo é que Morse nunca se esqueceu de dar o devido crédito à sua fonte de inspiração. Imaginação é a capacidade de recriar as ideias de Deus aqui na Terra.

Cada pessoa que você ajudar ao longo do caminho, somadas àquelas que elas apoiarem, atrairão mais e mais bênçãos. As bênçãos operam como uma empresa mágica e polivalente. Tudo o que você fizer por alguém hoje retornará com a mesma intensidade para você e para os outros. O objetivo último é criar uma corrente de amor que possa acender milhares de "luzes verdes" na Terra.

Vivendo sua conexão diária com Deus

Viver nessa conexão diária com Deus requer determinação e prática. Embora a maioria das religiões promova um estilo de vida permissivo, pouquíssimas pessoas de fato vivem numa condição de entrega total. Por exemplo, alguns acham muito fácil entregar a segurança dos filhos a Deus, mas não conseguem se desapegar do controle de seus bens materiais. Outros podem entregar sua saúde com facilidade, mas não cedem seu relacionamento amoroso a Deus, talvez porque temam que Deus leve a pessoa amada.

Quando você estiver disposto a trilhar de modo consciente esse caminho, oferecendo todos os seus fardos a Deus, descobrirá que essa é a solução mais simples e eficiente para resolver todos os seus problemas, sejam físicos ou espirituais, sem exceções.

Ao viver essa conexão, muitas situações se revelarão para o seu bem maior. Por isso, esteja disposto a desfazer-se do que não precisa mais. Como acontece no inverno, as folhas cairão das árvores. Se você permitir, as pessoas e situações que não fazem parte do seu caminho mais elevado também se afastarão. Solte-as e deixe-as livres sem afligir-se, pois a aflição resulta da resistência. Você só sofre quando se apega e se mantém preso a algo que não tem mais serventia.

Só Deus sabe quais relacionamentos, empregos ou situações você deve de fato manter e quais deve abandonar para dar espaço para que algo melhor entre em sua vida. É preciso muita autoconsciência e persistência para trabalhar a partir dessa perspectiva, mas as recompensas são sempre melhores do que as supostas perdas. O caminho para viver em conexão com Deus pode parecer fácil ou pode parecer difícil, dependendo de quanto tempo você está enraizado em desejos distorcidos ou de quanto você investiu mentalmente no caminho errado dos seus velhos pensamentos. Agora você deve estar disposto a praticar a paciência, pois, quanto mais praticar a entrega de sua vontade a Deus, mais claros serão seus canais de comunicação com ele.

*Viver uma vida milagrosa deve ser
o seu estado natural.*

Tenho visto milagres acontecer desde que comecei a praticar esse caminho de entrega total a Deus. Aceitando sua orientação de modo incondicional, vi como uma situação impossível pode ser resolvida quase sem nenhuma intervenção da minha parte. Tudo de que hoje preciso me chega de maneira natural, e a informação correta me é revelada na hora certa. A resposta sempre chega quando pergunto com sinceridade e quando estou disposta a ouvir a verdadeira resposta. Sua orientação me protege com uma reviravolta inesperada dos acontecimentos, mesmo quando estou para cometer um erro terrível ou depois de errar.

Confie e desprenda-se

Imagine um piloto acostumado a pilotar um velho avião manual com seu próprio conjunto de ferramentas operacionais. Se pudesse pilotar um jato novo e automatizado, como esse piloto se adaptaria ao novo sistema de navegação? Com certeza, seria um desafio para ele deixar de controlar sua aeronave da maneira antiga e permitir que um novo sistema computadorizado assumisse os controles. Ele se sentiria inseguro nos primeiros dias de voo nesse novo avião, questionando-se e até mesmo interferindo de modo manual no novo sistema de controle. Talvez ele quisesse voltar à velha rotina, mesmo sabendo que suas velhas ferramentas nunca poderiam competir com as modernas. O velho avião só tinha uma vantagem: embora não fosse tão seguro, era bem conhecido. No entanto, se o piloto permitisse que o novo sistema inteligente o guiasse, ele teria visão total e acesso a um pouso seguro; inclusive, seria capaz de voar em meio à neblina mais espessa.

Da mesma maneira, as pessoas que seguem esse caminho acabam se acostumando a entregar o controle da sua vida nas mãos sábias de Deus. Talvez, no início, elas queiram voltar aos velhos hábitos, sobretudo durante os primeiros meses. No entanto, com o passar do tempo, aos poucos começam a confiar no novo plano de voo divino.

Mudar o antigo estilo de vida de ser guiado pela mente, pelo ego e pelas emoções (as velhas ferramentas) e começar a aceitar uma nova orientação por meio dos nossos sentidos interiores (conectados a Deus) pode nos trazer dificuldades. É natural que você se sinta estranho no início. Porém, à medida que aprender a se ajustar, sua confiança em Deus crescerá quando você perceber que sua conexão com a divindade, em oposição à sua confusa percepção limitada, é de fato confiável, eficiente e infalível.

Lembre-se, se surgirem dúvidas, se você se sentir perdido ou se perceber que está desconectado em algum momento, repita estas palavras, com muita fé: "Estou disposto!". Isso será suficiente para você se reconectar com Deus.

Doze ferramentas para a vida

O verdadeiro trabalho começa assim que estabelecemos a primeira conexão autêntica com Deus. Somos muito parecidos com as árvores, que precisam de luz, nutrientes, água e proteção para se desenvolver. Como seres humanos, somos chamados a alcançar as alturas de Deus e sua expressão mais elevada. Como uma árvore em crescimento, também precisamos nos proteger das ervas daninhas, como o medo, a raiva, a culpa, o remorso, a preocupação, a dúvida e o estresse. Por isso, precisamos equipar-nos com as ferramentas necessárias de força e poder para nos ajudar a eliminar quaisquer obstáculos em nossa vida.

Em um dos seus livros, Paulo Coelho nos descreve como "guerreiros da luz". Devemos enfrentar muitas batalhas para proteger nossa paz e manter nossa conexão duradoura com

Deus na escola chamada vida. Todo guerreiro tem armas. As armas do nosso inimigo (o ego) são poderosas, e ele as usará para tentar nos enganar com um medo baseado no engano, na separação, na morte e na ilusão. Mas temos um escudo resistente contra todas essas armas: nossa conexão com Deus. Eu gostaria de apresentar doze ferramentas que serão muito úteis em sua vida. Elas estão descritas e enumeradas a seguir.

1) Coragem

Não é tarefa fácil realizar seu propósito. Essa ação exige uma vontade de aço e a coragem de *aceitar-se como você é*, o que requer desvencilhar-se do seu passado e sair da sua zona de conforto. Precisamos de coragem para viver a vida que nascemos para viver, mas alguns de nós desenvolvem medos como consequência das experiências passadas que continuam a nos desafiar. É essencial compreender que esses medos não são reais, e, desde que identificados, não têm mais controle sobre nós.

Nossos medos e seu antídoto

Todos nós carregamos fardos desnecessários, aqueles pensamentos e medos recorrentes que abrigamos, às vezes sem nosso conhecimento. À medida que nos conscientizamos desses medos, podemos superá-los. Quanto mais paz tivermos dentro de nós, mais os efeitos da cura se farão sentir. Cada um dos nossos medos carrega em si uma crença negativa equivocada correspondente.

Em cada uma das descrições de medo a seguir, você encontrará uma afirmação positiva, uma afirmação que o ajudará a harmonizar-se. Use seu diário para identificar seus medos e anote a afirmação correspondente ao lado de cada um. A maioria de nós tem mais de um medo, e alguns destes são mais fortes do que outros. O objetivo do exercício é levá-lo a conhecer *a si mesmo*.

Medo de perder a segurança física

Sintomas: Esse medo pode se apresentar como preocupação com a escassez, mesclada com a possibilidade de perder tudo e de não conseguir se sustentar. Pode até se manifestar como aceitação de episódios de abuso porque você teme perder a segurança ou valoriza os benefícios financeiros mais do que o amor, a saúde, a integridade e até mesmo o excesso de trabalho. Também pode se manifestar em obsessões e apegos relacionados à sua casa e às suas propriedades. Esses medos causam baixa autoestima, insegurança, falta de autoconfiança, egoísmo, frugalidade excessiva, ambição em excesso e ganância.

Afirmação: Eu me basto. Tenho o suficiente. Vivo em total segurança porque Deus é a minha fonte absoluta de abundância. Ele me dá o pão de cada dia e é a fonte da minha paz, do meu salário, da minha renda e das minhas necessidades físicas, emocionais e espirituais. Não tenho nada a temer. Agradeço a Deus e divido com liberdade minhas dádivas com os outros. Entrego a Deus meus medos relacionados ao meu sustento. Sou muito agradecido(a) por tudo o que tenho, seja em grande ou pequena quantidade, consciente de que sempre terei o suficiente confiando em Deus.

Medo de perder a segurança emocional

Sintomas: Este medo pode se apresentar por meio de sintomas de dependência, distúrbios alimentares, necessidade de ingerir açúcar e álcool em grande quantidade, disfunções sexuais ou total falta de desejo, apegos emocionais ou prejudiciais. Também pode se manifestar por meio da falta de criatividade, da culpa, da incapacidade de expressar sentimentos, do ciúme, de sentimentos de solidão ou insegurança, ou de uma autoimagem desfavorável, como sentir-se feia ou gorda, em obsessões com relação ao corpo, na busca excessiva de prazer, por meio de exagero na prática de exercícios ou numa frequência prejudicial de cirurgias plásticas.

Afirmação: Posso expressar e sentir minhas emoções de um modo saudável. Eu me aceito e não julgo a mim mesmo(a) ou aos outros. Entrego a Deus todos os meus relacionamentos pessoais e meus medos de sofrer ou de ser rejeitado(a). Como Deus é meu sustento emocional, estou livre de amarras e apegos. Cuido do meu corpo porque ele é um templo, mas não permito que seja meu dono. Expresso com liberdade minha criatividade de modo a beneficiar os outros. Não preciso da aprovação dos outros para reconhecer meu valor. Sou bonito(a) e atraente.

Medo de perder o controle

Sintomas: O medo de perder o controle pode se manifestar como raiva, angústia e ansiedade, pessimismo, falta de paciência, temor de ser controlado(a) ou desejo de controlar os outros, problemas com autoridade ou abuso por parte de outras pessoas. Pode se revelar como medo de não conseguir controlar os outros e, por outro lado, medo de ser controlado(a). Algumas pessoas que sentem esse tipo de medo não impõem limites saudáveis para si mesmas; outras podem não respeitar os limites dos outros. Além disso, podem ter dificuldade para perdoar, ser intransigentes e não ter força de vontade, seja em relação à sua incapacidade de decidir por si mesmas, seja no que se refere ao desejo de decidir pelos outros. Em outras palavras, falta de confiança.

Afirmação: Permito que Deus assuma o controle da minha vida e da minha situação. Hoje, assumo a responsabilidade pela minha vida. Tenho confiança em mim, nos outros e em Deus. Meu livre-arbítrio é guiado por Deus. Eu escolho e também permito que outros escolham. Eu não preciso manipular nem ser manipulado(a). Eu perdoo e esqueço. Eu confio.

Medo de perder o amor

Sintomas: Esse medo pode surgir como desequilíbrio em nossa capacidade de amar, de receber amor ou de cuidar de nós mesmos. O medo da solidão pode se revelar por meio do ciúme, de compras impulsivas ou da busca de compensação excessiva pelo amor dos outros, de problemas nos relacionamentos emocionais ou da codependência. Também pode se mostrar como sentimento de inferioridade, raiva, apegos familiares doentios, dificuldade de perdoar, problemas com funcionários ou dependentes ou falta de amor-próprio. Pode se apresentar, ainda, na dificuldade de saber colocar limites nas relações afetivas ou na dúvida em relação ao amor de Deus.

Afirmação: Eu te amo. Eu me amo porque sinto o amor de Deus em mim. Por isso, posso amar o meu próximo de maneira saudável e livre, sem manipulá-lo. Meu coração está limpo e Deus habita em mim; desse modo, posso amar e ser amado sem medo. Deus é minha fonte eterna de amor.

Medo da desaprovação

Sintomas: Os problemas associados a esse medo podem surgir em consequência da falta de comunicação, da dificuldade de expressar seus sentimentos e suas convicções, bem como por meio de insegurança a respeito de suas habilidades. Também se manifesta por meio da dificuldade de não saber ouvir, em forma de mal-entendidos frequentes, no receio de falar ou talvez de falar demais. Para alguns, se manifesta na dificuldade de assumir uma posição, na indisposição para conviver com o mistério da vida, na falta ou no excesso de sinceridade. Esbanjar dinheiro, na tentativa de conseguir apoio e aceitação, é outro sinal desse medo.

Afirmação: Posso comunicar e expressar com plenitude o que sinto, falar com confiança e dizer a verdade em todos os momentos. Não preciso deixar de ser quem sou nem mudar para obter a aprovação de outras pessoas. Deus me aprova. Ele fala pela minha voz. Minha palavra é ouro, então, eu a mantenho firme. Tenho plena confiança em mim e nos outros. Posso expressar minhas necessidades sem ferir os outros e sem medo de ser rejeitado(a). Posso ouvir as pessoas em silêncio e compreendê-las. Posso dizer não. Eu as compreendo e elas podem me compreender.

Medo do futuro

Sintomas: Esse medo surge da falta de visão espiritual, da incapacidade de enxergar além do momento atual e de confiar no que Deus tem reservado para o nosso futuro. Ele afeta a imaginação e causa problemas como confusão mental, memória fraca e visão embaçada. Também pode resultar em resistência ao passado ou ao presente e ansiedade em relação ao futuro. A pessoa pode não querer ver uma situação como ela é, sentir medo de ficar paralisada, evitar enfrentar a realidade, estar em negação ou ser incapaz de discernir uma situação.

Afirmação: Confio em Deus para que eu possa enxergar uma bela visão do meu futuro, encontrar uma conclusão saudável em relação ao meu passado e ter uma visão clara do presente. Através de seus olhos, posso ver além das aparências. Eu não julgo, mas posso ver com clareza. Eu me vejo como um ser de luz trabalhando no propósito que tenho de cumprir nesta Terra. Eu sirvo aos outros com amor.

Medo da morte

Sintomas: Esse medo pode ocorrer por causa da ausência de conexão com Deus, da incapacidade de receber sua orientação, pela falta de conexão espiritual, pela falta de fé, em consequência da luta contra uma religião doentia ou da falta de uma direção espiritual. Pode surgir em virtude da falta de fé e também quando nos sentimos longe de Deus ou não estamos em comunhão com sua orientação.

Afirmação: Eu confio em Deus. Vivo em comunhão com o meu Deus. Eu tenho fé. Tenho energia e vitalidade. Aceito sua orientação eterna. Deus, eu te convido a harmonizar minha vida com a tua vontade, para que me lembres de que sou uma alma e que, por isso, viverei para sempre. Peço-te que me mostres como voltar para ti. Eu acredito na vida eterna, de modo que posso viver em plenitude, sem medo.

Nem todos esses sintomas são causados pelo medo. Pode haver outros fatores, como nutrição inadequada, falta de horas suficientes de sono ou da luz do sol, desequilíbrios químicos ou emocionais ou a ocorrência de um evento estressante que talvez precise ser tratado por um profissional. Se houver alguma dúvida, continue rezando, mas também procure ajuda, pois essa é uma medida que faz parte do ato de amar a si mesmo(a) e de viver segundo a vontade de Deus. Com frequência, a ajuda chega por intermédio de outras pessoas.

2) Seus pensamentos

Os pensamentos compõem uma das suas ferramentas mais poderosas. Quando estão afinados com o bem, comportam-se como raios de luz, criando situações positivas. Além de ser as vozes na sua cabeça, são também uma máquina do tempo. Com efeito, tudo o que você guarda em sua mente, seja paz ou angústia, pode muito bem se transformar em sua realidade no futuro. Lembre-se de que, mesmo quando os pensamentos são intensos, nada produz efeito maior do que dar permissão à vontade de Deus.

3) Imaginação

A imaginação é a capacidade de visualizar com clareza o plano que Deus tem para você. É um dom que muitos de nós perdemos e que precisamos recuperar com urgência se quisermos nos libertar das imagens pré-fabricadas impostas pela sociedade e pelos interesses do mercado. A imaginação é também o modelo que possibilita criar a realidade. Quando a imaginação é incentivada pela violência e alimentada com informações nocivas, como videogames violentos, filmes sangrentos, teorias da conspiração e livros escandalosos, essa excelente ferramenta transforma-se em uma arma letal.

A imaginação é um ingrediente fundamental para uma vida abundante, pois desempenha o papel de um ensaio virtual na criação de uma nova vida, de um novo mundo, de um novo caminho e de uma nova maneira de enfrentar desafios. Sua conexão com Deus lhe trará uma visão aguçada para implementar as ideias mais brilhantes. Uma imaginação elevada gera novas invenções para ajudar o mundo, tornando-nos capaz de escrever novas histórias para inspirar bondade. Uma imaginação que trabalha em harmonia com a visão de Deus é iluminada. Em contraste, uma imaginação desconectada da visão divina se comporta como um vaso vazio que apenas procura preencher-se para benefício próprio.

Prática: visualização

Você pode começar a praticar essas etapas de modo consciente assim que estabelecer sua conexão com Deus. A técnica de visualização apresentada a seguir, realizada com o auxílio da imaginação, o ajudará a aproximar-se da visão de Deus para criar um futuro melhor para todos.

A maioria das pessoas já usa a técnica da visualização sem perceber. Com sua visão interior, um campeão de natação já se viu no pódio milhares de vezes. Também nadou em sua imaginação na piscina antes de nadar de verdade. Um arquiteto viu um edifício surgir em sua mente, tijolo por tijolo, muito antes de construí-lo de fato. Você pode visualizar seu propósito da mesma maneira. Relaxe num local tranquilo e acalme-se por meio da respiração. Você pode se beneficiar com essa prática no momento que preferir, embora seja aconselhável realizá-la antes de dormir.

1. Peça a Deus que confirme se a sua visão está em sintonia com o seu propósito e o plano dele.

2. Concentre-se em sua visão interior e olhe o mundo por sua perspectiva como observador(a), de dentro para fora, não o contrário.

3. Simplesmente sonhe acordado(a), representando na mente o objeto da sua contemplação, sem tentar alcançá-lo e deixando tudo nas mãos de Deus.

4. Como no exemplo do nadador, ponha-se na pele dele, veja-se nadando, sentindo a água o envolvendo, sentindo o cheiro do cloro e o gosto da água. Em seguida, veja-se no pódio, tomado(a) pela emoção de ter alcançado seu objetivo. Ative os seus cinco sentidos e sinta as emoções que produzem. Faça sua a visão do nadador.

5. Agradeça a Deus pelo que visualizou e espere de modo paciente para receber as informações dele a respeito dos passos que você deve dar para alcançar seu objetivo.

Sempre aplico essas etapas antes de iniciar minhas palestras. Você pode segui-las para montar uma estratégia, um plano ou um legado para ajudar o mundo. Mas esteja ciente de que esse processo não tem nenhuma relação com a lei da atração. Muitas pessoas adotam de modo inconsciente essa técnica; até mesmo alguns médicos visualizam antes uma cirurgia complicada. Também ladrões podem usá-la para assaltar um banco! É imprescindível estar conectado(a) com Deus antes de receber a visão, pois o ego adora nos enganar com seus falsos sonhos.

Sonhos egoístas nunca levam a bons resultados. Certa vez, soube da história de uma mulher que desejava desesperadamente morar na casa de sua vizinha. Ela sempre se imaginava morando lá, até que, por fim, isso acabou acontecendo. Sua casa pegou fogo e ela foi morar na casa tão almejada – como hóspede temporária. É melhor não pedir coisas específicas com apego, a menos que haja uma cláusula de proteção incluída.

Cláusula de proteção para um sonho

Pai amado, eu tenho um sonho...
Se a realização desse sonho for da vossa vontade,
se fizer parte do vosso plano para mim,
peço-vos que ele se realize.
Ou então um outro,
um melhor, ou o que considerais mais adequado,
vosso equivalente para mim.
Que esse sonho esteja em harmonia
para todos os implicados nele.
Protegei-me, Deus, mesmo dos
meus sonhos egoístas.
Aceito o resultado final,
e concordo em livrar-me de qualquer apego a ele.
Obrigado por me ouvir, pois
conheceis os meus sonhos antes de mim.
Obrigado por me conceder o sonho
segundo a vossa suprema vontade.

Assinado (preencha com seu nome):

4) O poder da palavra

O Evangelho de João começa com estas palavras: "No princípio, o logos [o verbo, a palavra, ou a mente de Cristo, segundo os cristãos] era Deus".[36] Com essa perspectiva em mente, o processo de criação teria seguido estas três etapas: um pensamento (mente) que cria a si mesmo no âmbito físico por meio da palavra (o verbo). Assim, o *uni-verso* é *um-verso*, uma unidade maravilhosa falada à existência que é ouvida por toda a eternidade. Esse é o poder da palavra que pode decretar e criar, ou trazer amor, paz, saúde e vida à realidade. No entanto, a palavra também tem o poder de destruir, criar discórdia, declarar guerras e emitir sentenças de morte. Você pode criar uma *mal-dição* (dicção má) ou uma *bem-dição* (dicção boa). Você pode abençoar ou amaldiçoar. Seguindo essa mesma linha de raciocínio, eu acrescentaria: seja sempre transparente com suas palavras. Seja sincero(a) e fale com integridade. Não diga coisas "só porque" é isso que se espera de você. Não assuma compromissos que não possa cumprir. Não diga o que você não sente. Em outras palavras, diga o que quer dizer e queira dizer o que você diz.

Por outro lado, se alguém disser inverdades a seu respeito, não dê ouvidos. Não acredite em vozes sombrias ou do ego, nem participe do jogo de expandir a escuridão por meio de palavras sobre doenças, julgamentos, medo e ódio. Por fim, também é importante não mentir para si mesmo(a).

5) Oração

A oração é o modo que temos de pedir ajuda sempre que nosso navio fica à deriva. É a nossa maneira de enviar sinalizadores de emergência aos céus, um sinal de SOS, para que o nosso pedido

---

36 João, 1,1

seja atendido. A oração ainda é a melhor maneira de pedir ajuda a Deus. Mas devemos orar de todo o coração, sentindo cada palavra. Todas as orações têm o objetivo de nos colocar num estado de paz no momento em que as proferimos, pois sempre são ouvidas antes de serem faladas. Tem mais valor e eficácia pedir a Deus que seja feita sua vontade do que qualquer resultado específico, uma vez que ele sabe o que é melhor para você e para os outros antes que qualquer situação aconteça. Em geral, rezamos como se nos faltasse algo, mas rezar é entrar em sintonia com o amor de Deus, que é abundância. A forma mais elevada de oração é *conhecer*. "Tranquilizai-vos e reconhecei: Eu sou Deus."[37] Por isso, a oração deve ser sempre feita com um sentimento de certeza e gratidão, por exemplo, empregando palavras como as de Jesus: "Pai, dou-te graças porque me ouviste. Eu sabia que sempre me ouves" (João 11,41-42). "Não a minha vontade, mas a tua seja feita!" (Lucas 22,42).

Deus, tu és suficiente.
Tu és puro amor, a realidade por trás de tudo o que vejo.
Tu és o meu provedor, aquele que me dá tudo de que preciso.
Com a tua graça, nada me falta.
Sou feito à tua imagem e semelhança;
tu vives dentro de mim da mesma maneira
que vives dentro e em torno de todos.

Não preciso temer nada em absoluto,

Porque caminhas à minha frente, atrás de mim e ao meu lado.
Com tua mão de amor, abençoas todo o meu ser,
és soberano sobre toda a criação e todas as espécies vivas.
Embora eu não possa te ver,
sei que és o amor que habita com profundidade dentro de mim.
Estás em tudo e vives em toda parte.

---

37 Salmo 46,10

Teu amor faz crescer as árvores,
teu olhar faz a lua mudar,
tua mente organiza todas as coisas,
e crias todas as possibilidades.
Tu harmonizas o meu corpo.

Anseio pelo teu amor, que é alimento para minha alma.
Eu sempre posso voltar de novo para ti,
mesmo quando, por um tempo, te esqueci.

Teu amor orienta tudo para ti,
como as flores para o sol.
Transformas tudo o que não é tu em algo divino.

Eu vivo em ti e tu vives em mim,
Sacias minha sede com o elixir do teu amor.
Na tua perfeição não há medo nem erro,
doença ou enfermidade,
vergonha ou insegurança.

Como o sol, tua luz brilha sobre todos os seres,
e não há sombra que possa obscurecer teu esplendor.
Quanto mais cansado e fraco(a) eu estiver,
maior força e graça me revelarás.
Por meio de ti, posso ver tudo,
posso saber tudo, posso ser tudo o que queres que eu seja.

Tu és tudo.
Tu és o amor que move as estrelas e o amor que vive dentro de mim.
Estou rodeada pelo teu amor,
estou inundada pela tua presença,
pois estás comigo, ao meu lado e dentro de mim,
hoje e sempre.

6) Meditação

Se a oração é nosso recurso para pedir a Deus, o silêncio é nosso recurso para receber sua resposta. O silêncio é a frequência necessária dentro dos nossos transmissores de rádio internos para receber suas instruções. Só na quietude podemos receber a orientação divina. Os exercícios respiratórios são benéficos para nos ajudar a alcançar esse estado de paz interior.

Veja a seguir uma meditação simples, mas muito eficaz, para criar o silêncio de que você precisa para receber o seu milagre.

PRÁTICA: MEDITAÇÃO DO ARCO-ÍRIS

Aprendi esta meditação com Alexander Everett, um professor que ensina a outros professores e um dos fundadores do Movimento do Potencial Humano no início dos anos 1970, o movimento precursor do Large-Group Awareness Training [treinamento de conscientização em grandes grupos] que é muito praticado hoje. Ele acreditava que a única solução para todos os nossos problemas está na conexão com Deus.

Esta meditação o(a) ajudará a manter-se centrado(a) e preparado(a) para receber. Assim como um pequeno comentário pode afetá-lo(a) por um dia inteiro, o ato de permanecer centrado(a) é o escudo que o(a) protege contra a vulnerabilidade frente às energias negativas que podem afetá-lo(a), além de ajudá-lo(a) a encontrar a calma em meio a situações adversas. As artes marciais ensinam os alunos a encontrar seu centro de força interior antes de uma luta, pois é quase impossível derrubar um guerreiro "ancorado" na terra.

Do mesmo modo, esta meditação o(a) ajudará a encontrar essa âncora. Se você estiver centrado(a), as situações desafiadoras não conseguirão tirá-lo(a) do seu eixo. Se receber uma notícia ruim, se envolver-se em uma discussão com seu parceiro (ou sua parceira) ou alguma outra situação inesperada em que a vida o(a) lançar, se você estiver centrado, estará preparado(a) e não reagirá de modo tão negativo a eventos imprevistos. Para recuperar seu centro, encontre um espaço tranquilo, feche os olhos e respire com profundidade. Deixe que todas as preocupações do dia se dissipem. Se algum pensamento vier à sua mente, apenas observe-o e deixe-o afastar-se sem resistir. Em uma viagem à Índia, um mestre hinduísta identificou Alexander como um *swami*. As cores do arco-íris têm relação com os Sete Chakras (como são denominados em sânscrito), ou centros de energia. Então, imagine um enorme arco-íris e prepare-se para subir e passar através dele como se estivesse sob uma chuva de cores. Imagine todas as cores do arco-íris envolvendo seu corpo inteiro.

1. **Vermelho/seu corpo.** Comece com a luz vermelha, visualizando um belo rubi colorido, vermelho como uma maçã, envolvendo todo o seu corpo. Medite e repita: "Meu corpo está relaxado e calmo". Experimente a sensação de abundância e segurança.

2. **Laranja/suas emoções.** Imagine uma brilhante luz laranja cobrindo todo o seu corpo emocional. Medite e repita: "Meu corpo emocional está saudável. Eu sou bonito(a), atraente e jovem. Sou saudável no âmbito sexual. Sou criativo(a). Expresso-me com liberdade e sinto minhas emoções. Estou livre de apegos".

3. **Amarelo/sua mente:** Imagine todo o seu corpo mental coberto por uma luz amarela brilhante enquanto pensa no Sol e em seus raios brilhantes. Medite e repita: "Minha mente está tranquila. Assumo o controle da minha vida e da minha situação com responsabilidade. Eu confio em mim, nos outros e em Deus.

Posso criar, resolver problemas, encontrar soluções, desenvolver projetos e tomar decisões. Abstenho-me de querer controlar as situações que não posso mudar e domino a necessidade de controlar os outros".

4. **Verde/amor:** Imagine uma luz verde brilhante iluminando todo o seu corpo com amor. Ao visualizar, imagine um campo verde e sinta o amor batendo em seu coração. Medite e repita em sua mente: "Eu amo e aceito os outros. Amo a mim mesma. Por isso, posso amar meu próximo e meu amor é retribuído. Meu coração está limpo. Meus relacionamentos familiares são repletos de amor, compreensão e respeito. Amo dentro de limites saudáveis, sem apegos. Eu perdoo e sou perdoado(a). Eu sou o amor. Deus me ama. Sinto o amor de Deus em meu coração".

5. **Azul/comunicação:** Imagine um azul brilhante cobrindo todo o seu corpo enquanto visualiza o oceano azul. Medite e repita em seu interior a seguinte frase: "Posso comunicar minhas necessidades sem ferir as outras pessoas. Eu posso dizer a verdade o tempo todo. Minha palavra vale ouro. Eu tenho voz em todas as circunstâncias. Posso perguntar e expressar minhas necessidades com liberdade, e posso ouvir os outros e compreendê-los. Compreendo e sou compreendido(a). Não há mal-entendidos".

6. **Índigo/visão:** Imagine uma luz índigo brilhante envolvendo o seu corpo, centrada em seu terceiro olho. Ao mesmo tempo, visualize a cor através de um céu índigo-escuro ao entardecer, iluminando-o(a) com um raio de luz. Medite e repita esta frase dentro de si: "Deus me revela uma bela visão do meu futuro. Eu vejo além das aparências. Eu não julgo. Estou

disposto(a) a ver as coisas como elas são, e a verdade de cada situação me é revelada".

7. **Violeta/velocidade de Deus:** Imagine uma luz violeta-clara cobrindo seu corpo enquanto você visualiza um funil lilás brilhante no topo da sua cabeça, com sua abertura alcançando o céu. Medite e repita em seu interior: "Eu me permito receber a orientação total de Deus hoje. Sinto-me conectado(a) com Deus o tempo todo. Que sua vontade seja feita em todas as áreas da minha vida".

Descobri que, se praticarmos esta meditação durante trinta dias consecutivos, sua sequência ficará gravada em nosso subconsciente. Daí em diante, quando não tiver tempo suficiente, você pode praticar uma versão mais curta por alguns minutos, o que também é eficaz. Para essa versão mais curta, basta você imaginar a sequência de cores o(a) envolvendo e o(a) conduzindo ao relaxamento.

Para encerrar a meditação, repita toda a sequência de cores, mas então na ordem inversa. Comece com o violeta-claro e vá até o vermelho. Ao terminar, alongue-se com leveza e, quando se sentir pronto(a) e a consciência voltar ao seu corpo, abra os olhos bem devagar e agradeça colocando as duas mãos juntas diante do coração.

Constatou-se que a meditação traz benefícios impressionantes quando praticada todos os dias. Desde que escrevi este livro, foram divulgados estudos empíricos que levaram os pesquisadores a descobrir novas evidências de seus benefícios para a saúde. A meditação pode ajudá-lo(a) a:

1. Equilibrar todas as áreas da sua vida.
2. Evitar doenças.
3. Acalmar seu sistema nervoso.

4. Suavizar emoções desagradáveis.
5. Relaxar a mente.
6. Relaxar o corpo.
7. Manter clara sua conexão com Deus.
8. Melhorar sua visão de vida.
9. Dar poder à sua criatividade.
10. Elevar sua autoestima.
11. Obter paz interior.
12. Protegê-lo(a) da depressão.

7) Amor e compaixão

Tudo o que fizermos com amor resultará em excelência. Todavia, quando fazemos algo por obrigação ou para obter reconhecimento, nossas ações ficam impregnadas de ansiedade, são permeadas de críticas e preocupações, produzindo resultados da mesma natureza. Porém, quando o nosso amor pelo outro assume a forma de compaixão, Deus se serve das nossas mãos como se fossem instrumentos para aliviar o fardo do próximo. Quando damos de coração, sem esperar nada em troca, entendemos o verdadeiro significado da plenitude.

Um coração amoroso não encontra dificuldade para perdoar a si mesmo e aos outros, e não costuma irritar-se nem julgar. Quando você se deixa guiar pelo amor, fica muito mais fácil percorrer o caminho que conduz ao seu propósito.

Muito se fala hoje em dia sobre excelência e eficiência na prestação de um serviço, mas, na realidade, o único ingrediente que precisamos usar em nossas ações e nas labutas diárias é o amor. A forma mais elevada de veneração envolve fazer tudo com amor numa oferta eterna a Deus. Amor é ver Deus em tudo e reconhecer sua unidade.

Aquele que está enraizado na unidade percebe que estou em cada ser; aonde quer que vá, ele permanece em mim.
– Bhagavad Gita [6.29-32][38]

Estratégia: bom humor e otimismo

Não se leve muito a sério. Viva a vida como se fosse um jogo. Se perder um jogo, apesar de ter dado o seu melhor e acabado sem nada, você ainda pode sorrir. Viva a vida com leveza e bom humor. Não se preocupe; você vai melhorar o seu jogo na próxima vez. Lembre-se de que cada erro é apenas mais uma experiência para desenvolver a prática a fim de melhorar o seu próximo movimento. Se estiver com pressa e cair de cara no chão, ria de si mesmo(a), levante-se, esfregue os joelhos e continue seu caminho. O objetivo do jogo da vida é desfrutar cada jogada, quer se ganhe, quer se perca.

Na arte de escrever, há uma regra conhecida como "licença poética", que permite ao escritor quebrar, às vezes, as rígidas regras da gramática. Do mesmo modo, você também pode se permitir alguma licença em sua vida de vez em quando, quebrando as regras. Para variar, faça algo que ninguém espera de você. Não leve as coisas tão a sério, e lembre-se de que, de tempos em tempos, você pode pensar fora da caixa e pintar fora das linhas.

8) Sua voz interior

Que diz o seu coração? Você reserva um tempo para ouvi-lo? Sabe escutá-lo? Se não conseguir ouvir a sua voz interior, abafada por milhares de pensamentos e opiniões conflitantes, você

---

[38] Stephen Mitchell, in *Bhagavad Gita: A New Translation*. Nova York: Harmony Books, 2000, p. 92. [*O Cântico do Senhor* (Bhagavad Gita). Tradução, adaptação e comentários de Murillo Nunes de Azevedo. São Paulo: Cultrix, 1981 (fora de catálogo).

nunca saberá ao certo que direção tomar em sua vida. Você culpará os outros por escolherem por você e não terá paz de verdade. Não tenha medo de errar. Se não ousarmos seguir nosso coração e agir de acordo com nossas intuições, nunca evoluiremos. Não tenha medo de seguir seu coração. Lembre-se de que Deus habita em você.

Como discernir sua verdadeira voz interior

A voz interior é mais conhecida como intuição, do latim *intueri*, que significa "olhar para dentro". A voz interior é a voz de Deus, que fala dentro de cada um de nós. A intuição é diferente da razão. Ela é a linguagem do nosso criador, e sua voz só pode ser ouvida no silêncio. Talvez seja até semelhante a um zumbido, uma eterna canção de ninar interior, de amor. Você pode reconhecer a voz verdadeira porque ela é constante e límpida. É suave, mas persistente, como a batida rítmica de um tambor, sempre estimulando-o(a) a seguir em frente, pois há um caminho ideal esperando você. Não importa quantos erros você tenha cometido ou quantos anos tenha estado distante desse ritmo interior, em seu coração ele continua pulsando de modo invariável e firme, lembrando-o(a) do seu verdadeiro norte.

Essa voz em seu coração nunca falará em tom de reprovação, não (o)a acusará nem o(a) fará sentir-se culpado(a). Quando, enfim, você aprender a ouvi-la, descobrirá que não consegue mais ignorá-la. Como um sol brilhante, ela iluminará todo o seu ser, enchendo-o(a) de esperança e iluminando seu caminho.

Intuir implica ver além das meras aparências e ouvir o que está além das palavras. Seus sentidos espirituais são semelhantes aos sentidos físicos e lhe dão a capacidade de ultrapassar os limites do mundo físico. Mas a intuição só está disponível quando você escuta sua voz interior e está conectado(a) com Deus.

A percepção do caminho correto

O caminho correto flui como as águas de um rio, superando blocos de pedras, formando cascatas, sem nunca se deter diante dos obstáculos que se interpõem em seu curso. O caminho ideal tem inteligência própria, organiza sua programação e seus compromissos, direciona-o a novas pessoas e situações condizentes com o seu novo destino, informa-lhe tudo de que você precisa saber e remove todos os obstáculos que lhe causariam atraso.

Quando Madre Teresa percebeu o conflito entre seus sonhos e a realidade, ela apenas disse: "Se este projeto não se concretizar, é porque Deus não está interessado nele". O caminho correto é bem perceptível, e, apesar dos seus medos, uma chama positiva de expectativa mantém-se acesa. Mesmo que você não se lembre qual é o seu caminho ideal ou se perca enquanto descansa, sua voz interior, ao final, retorna. Seu destino nunca o(a) abandona.

O caminho errado, porém, não nos dá paz, pois ser fiel à nossa integridade é a única bússola que pode nos guiar com suavidade pelas voltas e reviravoltas da vida. Nunca siga um caminho que, em sua percepção, se mostre inconveniente, mesmo que pareça prometer um futuro brilhante. Se você tiver de empenhar algum dos seus valores, é sinal de que esse não é o caminho para você. Mesmo que seja pavimentado com mármore reluzente, você reconhecerá o caminho errado pelo que ele é.

Será o caminho errado se comprometer sua integridade, se você precisar mentir para os outros ou para si mesmo(a), se ceder à custa dos seus valores ou se prejudicar os outros enquanto obtém vantagens. Se você precisa tirar algo das pessoas – uma oportunidade, um bem, uma sensação de paz ou um relacionamento –, com toda a certeza esse é o caminho errado. Se houver um preço associado ao caminho, ou se você precisar comprometer algum dos seus entes queridos, esse caminho não está em harmonia com você, não é o correto para você; então, você deverá desviar-se dele.

O medo nunca é a melhor motivação para se fazer uma escolha, a menos que você esteja correndo de um cão bravo. Antes de trilhar um novo caminho, questione se esse é de fato um caminho novo ou apenas um antigo bem disfarçado. Não há necessidade de seguir o caminho errado duas vezes. Confirme se é o caminho certo perguntando se esse caminho está alinhado com o que Deus prevê para o seu futuro. Por fim, não se esqueça de perguntar se o que parece um caminho encantador não é na realidade apenas uma tentação de desfrutar algumas sensações temporárias em troca de consequências negativas permanentes, como os resultados de fazer sexo desprotegido, praticar jogos de azar, comprar por impulso, dirigir embriagado, roubar ou usar drogas.

Sensações de bem-estar e prazer nem sempre são sinais de estar no caminho certo. Nossos sentidos nos enganam com frequência.

Ouvindo seu coração

No meu caso, é muito curioso. Quando estou prestes a tomar uma decisão errada, meus ombros e meu pescoço me avisam, pois se contraem de um modo estranho. No seu caso, pode ser uma sensação na boca do estômago ou uma dor nas costas. Pode ser que sua pressão arterial o(a) informe. Ao ouvir sua voz interior, preste atenção nos sinais enviados pelo seu corpo. Eles indicarão se você está no caminho certo. Às vezes, uma inquietação interior persistente pode indicar que você está no caminho errado. A voz da intuição nunca funciona movida por culpa ou negatividade. Na língua espanhola, a palavra para bússola é *compás* e soa como "com paz", que se assemelha à expressão "com paz". Então, escolha o caminho que lhe proporcionar mais paz.

Como entrar em sincronia com a vontade de Deus

Seus sonhos e os sonhos de Deus são um só. A princípio, você precisa entrar em sincronia com sua voz interior por meio do silêncio, respirando, orando, visualizando com criatividade, meditando e contemplando. Em seguida, você se une a Deus tomando consciência da presença dele. Viva no agora e substitua cada pensamento de dúvida, culpa ou dor por um pensamento de fé e esperança. Lembre-se de "buscar, em primeiro lugar, o reino de Deus e a sua justiça, e todas essas coisas vos serão acrescentadas".[39] Procure encontrar o caminho que Deus tem para você. Sonhe, flua, escolha e, quando os sinais estiverem tão claros a ponto de não haver mais dúvidas, aja e cumpra suas tarefas com amor.

Estratégia: como fazer uma escolha

Em vez de tomar uma decisão, apenas faça uma escolha. A palavra "decisão" vem de cortar, separar e descartar outras possibilidades. Por isso, a palavra é forte e deve ser usada com cautela. O verbo "escolher", por outro lado, é mais suave e flexível, e se refere ao processo de considerar várias possibilidades e selecionar alguma entre elas. Há, é claro, ocasiões específicas em que decisões sensatas devem ser tomadas, como decidir abandonar um hábito, um vício ou um relacionamento tóxico. Porém, no mais das vezes é melhor fazer escolhas.

Se você escolhe, você tem possibilidades. Se você decide, tem apenas uma opção. Além disso, sua decisão pode ser responsável por muitos malefícios, até mesmo por acordos vencidos que deverão ser mantidos por toda a vida, apenas porque foram feitos sob o preceito de uma *decisão*. Isso não significa que você deva enfraquecer sua palavra por não ter um senso de compromisso ou incluir cláusulas de escape, portas dos fundos ou agendas ocultas.

Sempre poderemos escolher outro caminho. Se você está passando por uma estrada cheia de obstáculos que a tornam intransitável, não há motivo para continuar nela. Não estou sugerindo que você deixa de ser confiável por seguir outro caminho.

39 Mateus 6,33

Estou me referindo a situações da vida em que atrasar uma mudança de rota por causa de um contrato vencido pode ser a pior escolha. Se você deixar de agir ao receber um sinal, correrá o risco de permitir que outros façam escolhas por você, isentando-o(a) da responsabilidade por seus atos por medo de errar ou falhar. Quer seja um investimento financeiro, um relacionamento tóxico ou um cargo em uma empresa, você deve usar sua sabedoria interior para fazer escolhas com base na sua verdade presente, e não reagir com base em antigos compromissos e crenças equivocadas.

A lição mais difícil da vida é aprender a escolher entre qual ponte cruzar e qual ponte queimar.

– David Russel

Em sua excelente tradução do *Tao*, Stephen Mitchell escreveu: "Não tome decisões, deixe que as decisões se tomem por si mesmas".[40] A frase alude a permitir que Deus escolha o caminho para você, para que ele mesmo elimine as outras alternativas com o que deixa à mostra. No entanto, para ver com objetividade o que está à mostra, você precisa, primeiro, abandonar toda determinação obstinada de seguir um caminho específico, pois este pode muito bem ser o caminho errado. É melhor deixar que Deus revele uma mostra antecipada do caminho para evitar perder tempo ou aborrecer-se.

Quanto mais me desapego do que desejo, com mais clareza vejo o que de fato preciso.

9) Não estamos sozinhos

Vivemos em um mundo material, mas também fazemos parte de um universo paralelo e invisível – um lugar onde vivem os anjos.

---

40 Stephen Mitchell. *The Second Book of the Tao: Compiled and Adapted from the Chuang-Tzu and the Chung Yung, with Commentaries*. Nova York: Penguin Books, 2010.

Os anjos estiveram presentes entre nós ao longo da história. Foram enviados à Terra por Deus para nos ajudar. Eles podem intervir e apresentar-se a qualquer momento para nos socorrer. Às vezes, eles aparecem como um apoio inesperado ou na forma de uma pessoa que nos ajuda, por exemplo, a trocar um pneu furado num ambiente perigoso no meio da noite. Eles podem chegar para nos dar um aviso, como um impulso inexplicável de estacionar sem motivo apenas segundos antes de um possível acidente.

Acredite nos anjos

O Arcanjo Miguel é considerado o principal comandante do Céu. Segundo várias tradições, ele intercedeu pela humanidade em inúmeras ocasiões. Veja a seguir uma oração simples para invocar a proteção dos anjos todas as manhãs. É apropriada também para crianças.

ORAÇÃO A SÃO MIGUEL ARCANJO

(Aponte com o dedo enquanto reza)[41]

São Miguel, protegei-me!

São Miguel à minha frente, São Miguel atrás de mim, São Miguel acima de mim, São Miguel abaixo de mim, São Miguel à minha direita, São Miguel à minha esquerda. Aonde quer que eu vá, São Miguel está ao meu lado.

Termine a oração agradecendo e levando as mãos ao coração.

Borboletas laranja e outras fadas

Uma noite, vi uma enorme borboleta laranja voando em meu jardim. Ela apareceu de repente. Embora não tenha ficado muito tempo, adorei a visita, e ainda me lembro daqueles momentos

---

41 Esta é uma adaptação de outra oração conhecida como *Couraça de São Patrício*, uma oração que invoca Cristo em vez de Miguel, mas que pode ser igualmente usada.

de um modo muito vívido. "Nunca vi uma borboleta laranja entrar nesta casa nos oito anos em que moro aqui, muito menos à noite", repetia para mim mesma. É raro ver uma borboleta diurna à noite, mas aconteceu, e eu testemunhei o evento. Não encarei essa visita com leviandade. Sem dúvida, eu vi nisso uma mensagem que, mais tarde, consegui decifrar: era o prenúncio do início de um novo renascimento em minha vida.

Mensagens do céu

Já aconteceu com você de receber uma mensagem que lhe pareceu chegar direto dos céus? Talvez num momento em que tenha perdido um ente querido e uma brisa tenha lhe confirmado que ele estava cercado de luz. Talvez numa época em que estivesse apaixonado(a) e, de repente, uma canção no rádio tenha confirmado sua intuição. As mensagens do Universo são formas sutis de Deus para nos comunicar boas-novas. A linguagem é mágica, repleta de cores, esperança e amor. Acredito que o espírito de Deus viva na natureza, nos animais e no vento. Com frequência, ele usa esses meios para enviar suas mensagens do céu. Tudo o que precisamos fazer é estar despertos o suficiente para decodificar suas nuances cotidianas.

Sinais da natureza

Lembro-me de uma bela tarde em que dirigia por uma estreita estrada rural na Itália. Estávamos apreciando a vista quando, de repente, um impressionante melro passou voando na frente do nosso carro. Senti um calafrio na mesma hora. Incapaz de me conter, gritei "Cuidado!", e parei na estrada, por causa do susto. Alguns segundos depois, assisti à arrepiante cena de um acidente entre um veículo e um ciclista, cujo cadáver foi coberto por um pano branco. Ainda preciso descobrir o significado pleno dessa mensagem. Talvez nos tenha impedido de passar sobre o corpo do ciclista ou talvez tenha sido o anjo da morte, vindo para levar uma alma e também nos lembrar de que a vida é curta.

Outro sinal ocorreu numa estrada em Miami, onde me vi envolvida pela neblina, pouco depois de começar a escrever este livro sobre como Deus nos guia em meio à escuridão. Eu ficava dizendo para mim mesma: "Eu moro em Miami. Não é normal ter neblina nas estradas aqui". Então, pedi a Deus e a seus anjos que limpassem o caminho. Voltei para casa em segurança, mas continuei me questionando sobre o significado por trás daquela névoa repentina. Dois dias depois, me foi revelada uma situação de perigo muito misteriosa em minha vida, envolvendo mentiras e enganos.

Tudo o que acontece no mundo exterior é reflexo do nosso mundo interior. Precisamos apenas aprender a interpretar a linguagem simbólica de Deus em nossa vida. Com muita frequência, acontecimentos súbitos são sua linguagem, os símbolos são suas letras e os sentimentos despertados pelos eventos dão o tom das mensagens. Qualquer mensagem divina deve ser traduzida em nosso coração. Meditação, conexão voluntária com Deus e períodos diários de silêncio despertaram algumas vezes em mim uma bela experiência. Estou aprendendo a reconhecer e decifrar essa língua estrangeira.

A ESTRANHA BORBOLETA AZUL

Conheci Marina durante uma viagem ao Panamá. Ela é um daqueles seres de luz que, às vezes, encontramos em nosso caminho. Depois do nosso encontro, ela me presenteou com a réplica de uma borboleta Blue Morpho, um ícone do seu país natal, a Costa Rica. As asas dessas borboletas Morpho são cobertas por escamas cristalinas que brilham em tons de azul e verde à luz do sol. No entanto, quando a borboleta está em repouso, a única parte dela que se consegue ver é uma silhueta marrom.

Com as asas fechadas, nunca se poderia imaginar sua linda cor azul oculta. O marrom é sua estratégia natural de camuflagem para se proteger entre as árvores.

Quando me deu o presente, Marina disse que eu era como uma daquelas borboletas Morpho e acrescentou que eu precisava sair do esconderijo e abrir as asas para mostrar as minhas melhores cores. "Você é um ser de luz encoberto pelas sombras de um passado triste", ela disse, "mas chegou a hora de mostrar suas cores verdadeiras para levar uma mensagem de esperança ao mundo."

Muitos consideram a borboleta azul um ser mágico. Diz a lenda que quem consegue pegar uma Blue Morpho recebe um milagre. A borboleta azul na capa da primeira edição do meu livro em espanhol é a mesma que Marina me presenteou anos atrás, antes que eu sequer fizesse ideia de que iria escrevê-lo.

Como é a sua borboleta azul? Quais são as mensagens que Deus envia para você? Você pode vê-las agora? Fique alerta. Suas respostas podem estar mais próximas do que você imagina.

10) A vontade

Precisamos ter uma vontade sobre-humana para sempre manter nossa integridade e nossa lealdade integradas ao plano divino. Uma vontade entregue à vontade de Deus é a arma secreta mais poderosa que você pode ter. Uma vontade forte se manifesta com persistência, que não é o mesmo que insistência. Persistência é um compromisso amoroso, e insistência é quando o ego se apega aos resultados imediatos.

Estratégia: esforço, não luta

Somos treinados para lidar com a dor desde cedo. Provérbios como "no pain, no gain" ("sem dor, sem ganho") ou "é preciso batalhar pelo que se quer" são predominantes em nossa sociedade. Guerra e luta são palavras comuns nos hinos nacionais de muitos países. Parece que sempre nos orgulhamos de estar envolvidos em batalhas. De acordo com uma crença generalizada, se as coisas estão indo muito bem, algo deve estar errado. Acreditamos que, para progredir, precisamos lutar e brigar, discutir e disputar, sendo, então, essa a atitude com que passamos a maior parte da nossa vida. Mas é mesmo necessário que batalhas e sofrimentos sejam o nosso estado natural de ser?

Mais uma vez, um dos exemplos da natureza nos mostra o caminho. Um dia, eu estava sentada no jardim com minha filha observando um pássaro fazendo um ninho. Sempre determinado, ele voava sem parar em direção à árvore com gravetos no bico a fim de entrelaçá-los e construir seu ninho. Às vezes, ele perdia o fruto do seu trabalho no caminho, pois o graveto caía assim que ele chegava de uma nova busca. Mas o persistente passarinho não desistia. Contamos dezenas de voos sem resultados efetivos para a construção do ninho.

O passarinho estava sofrendo? Estava lutando? Não. A natureza nos dá tudo de que precisamos, como os gravetos para o ninho e o instinto para construí-lo. Para o pássaro, construir o ninho significava um esforço considerável, mas ele não sofria nem lutava. Assim como o leão precisa correr e fazer um esforço para pegar sua presa, embora disponha de agilidade suficiente para fazê-lo, devemos conhecer as ferramentas que temos à disposição e adquirir outras necessárias para viver sem sofrimento e luta.

Uma situação persiste se você resiste a ela, mas perde força se você a aceita. Responsabilidade não é o mesmo que culpa. Os sentimentos negativos que você abriga são seus, e é você quem lhes dá poder. Entre as conotações de sofrimento estão as de resistir, suportar e tolerar. Mas o ato de soltar e aceitar nos liberta do sofrimento.

A lei do menor esforço se manifesta na natureza. A água de um rio, em seu fluxo constante, nunca luta contra um obstáculo. Quando encontra uma pedra, não para, não resiste. Ela apenas envolve e contorna a pedra, continuando sua viagem. Com o tempo, o obstáculo se desgasta, mas não por esforço. Quando algo não sai bem, quando não flui por mais que nos esforcemos, é hora de reavaliar a situação e encontrar outra solução. Talvez não seja o momento certo ou o caminho certo. Talvez precisemos de mais ferramentas, mais informações ou mais força.

Há um tempo para tudo. Diga do que você precisa, mas não perca tempo defendendo sua posição. Se não houver receptividade do outro lado, você apenas perderá tempo e energia, pois quase nunca conseguimos convencer o outro a mudar. E se você conseguir, mas causar mais sofrimento, então é hora de deixar para lá e prosseguir. Não insista. Escolha suas batalhas com sabedoria. A maioria delas nos dias atuais é apenas desperdício de energia.

11) Desapego

O desapego é uma das armas mais poderosas que temos à nossa disposição. Como observamos antes, na natureza, o desapego saudável requer que deixemos a água fluir sem interferir. O apego atormentado é a causa mais determinante de guerras, mortes, destruição e separação. Se você não tem sentimentos de posse nem orgulho nacionalista, ninguém poderá manipulá-lo(a) nem declarar guerra contra você. Quando você permite que Deus seja a única fonte da sua força, sem depender de fontes externas, nada nem ninguém pode derrubá-lo(a). O desapego precede a não violência; a justiça é a realização da unidade com Deus.

12) Fé

Enfim, estar conectado a Deus é, sem dúvida, a ferramenta mais poderosa de todas. Deus é a fonte constante e definitiva de paz interior. Longe de significar crença cega, a palavra "fé" vem do latim *fides*, que significa "leal". "Fides" é a raiz de muitas palavras que denotam força, como "*bona fide*", "fidelidade", "confidência" e "fidúcia". Você só pode ser fiel a algo em que acredita de verdade e ama com todo o seu ser. Assim, a nossa fé é alimentada por nossa lealdade a Deus, acima de todas as posses materiais e fugazes deste mundo. Ter fé significa confiar de modo absoluto em Deus e na ordem suprema da sua vontade.

Ter fé consiste em viver com Deus e sua vontade sem a necessidade de evidências e respostas.

Resumo do processo de conexão

1) Observe-se

Interrompa por um instante o que estiver fazendo e observe-se. Respire fundo várias vezes até relaxar. Não reaja. Fique em silêncio e observe a situação que se apresenta a você. Não tome nenhuma decisão no calor do momento. Mantenha-se silencioso(a) e inicie sua comunhão com Deus para que ele o(a) guie e você possa ver através dos olhos dele.

2) Aceite

Acolha e aceite os resultados do momento, pois tudo a que você resistir se tornará mais forte. Aceitar não significa desistir, mas, sim, ser responsável e agir de maneira positiva e proativa, sempre exercendo o autocontrole sobre suas reações. Aceite com humildade o lugar do caminho em que você se encontra, sem negação nem culpa. Saber de modo consciente onde você está é suficiente para determinar a direção que deve seguir.

3) Seja agradecido(a)

Agradeça por cada lição que receber, pois toda queda contém um milagre à espera. Agradecendo a Deus, você o faz saber que está pronto para receber seus milagres. Tudo acontece por uma razão. Lembre-se de que até as estrelas e as galáxias são regidas por uma ordem.

4) Invoque a vontade divina

Pedir ajuda divina de um modo consciente significa convidar Deus a nos inspirar com uma solução que pode ser aplicada a qualquer situação. Você deve entender que todos nós temos livre-arbítrio, o dom mais importante que recebemos e no qual nem mesmo Deus interferirá, a menos que seja convidado a fazê-lo. Deus sempre tem a resposta perfeita; o segredo está em conceder-lhe autorização para entrar e nos ajudar. Se não permitirmos de bom grado que Deus entre em nossa vida para assumir nossos desafios, sua ajuda será protelada.

ORAÇÃO DE CONEXÃO

Meu Pai, invoco a vossa presença celestial para que esteja sempre presente em todo o meu ser. Permito que a vossa vontade seja feita em todas as áreas da minha vida. Neste momento e sempre, permito que a vossa sabedoria trabalhe por meu intermédio. Convido vossa vontade suprema a guiar, abençoar e proteger todos os meus relacionamentos, minha família, minhas finanças, meu propósito, minha saúde, meu ambiente físico, meu serviço e minha espiritualidade. Entrego minha mente, meus pensamentos, minhas emoções e meu espírito à vossa sabedoria para que possais harmonizá-los em vossa luz. Aceito ser instrumento do vosso plano por meio da vossa vontade, expressando assim o meu maior potencial pela vossa presença em mim. Usai-me de maneiras inimagináveis para mim. Fazei de mim um instrumento do vosso plano; tomai meus talentos, minhas mãos, minha voz, meus olhos e meus ouvidos, meu cérebro, minhas pernas e minha imaginação e abençoai-os com vossa vontade suprema de amor.

Amém!

5) Perdoe

Perdoar a nós mesmos é uma maneira de nos amar; perdoar os outros é um modo de nos libertar. Algumas faltas podem parecer imperdoáveis à primeira vista; então, a única maneira de perdoar de verdade é com a ajuda da graça de Deus. Só nós podemos fortalecer qualquer ato praticado contra nós para que continue nos prejudicando. Perdoar não é a mesma coisa que desculpar as ações de outra pessoa. É reconhecer que nada nem ninguém pode nos ferir sem o nosso consentimento. Reze: "Meu Deus, estou disposto(a) a perdoar por seu intermédio".

6) Solte e permita

É importante soltar e permitir, entregando a situação a Deus, sem esperar nenhum resultado específico, nem que a solução venha como você a deseja, nem que as pessoas reajam como você quer. Não se apegue a nenhum determinado resultado. Se puder confiar e desapegar-se da situação, você verá como o medo, a culpa e a raiva acabarão cedendo espaço à inteligência de Deus e à sua própria autocompaixão. A mesma inteligência que move todos os planetas do Universo pode resolver o seu problema. Lembre-se: o desapego não é uma tipo de martírio. Tampouco é resignação ou inatividade. É um ato de responsabilidade.

7) Divulgue a mensagem

Para manter uma conexão contínua com essa paz interior, você deve cumprir a última etapa do Processo de Conexão: ajudar as outras pessoas a encontrar seu relacionamento com Deus, não pregando ou tentando convencê-las, mas por meio da expressão natural do seu novo ser. Quando alguém lhe perguntar sobre sua paz interior, esse será o momento perfeito para compartilhar, atribuindo todo o crédito de seus talentos, de seus dons e do seu sucesso à sua verdadeira fonte: Deus.

Prática: exercícios diários

A pessoa que você é hoje resulta de milhares de pequenas escolhas e decisões tomadas todos os dias. A soma de todos os momentos que você viveu trouxe você até aqui. Se você não prestar atenção, a oportunidade de fazer essas valiosas escolhas diárias escorrerá por entre seus dedos, já que elas não são feitas de passos enormes nem de grandes atos heroicos. Em vez disso, são passos pequenos e consistentes que conduzirão ao ideal nas diferentes áreas de sua vida. Hoje, você pode começar dando os pequenos passos (indicados a seguir) em direção a uma vida consciente, harmoniosa e conectada: uma vida dirigida por um propósito em todos os aspectos da sua existência.

Nenhum problema pode ser resolvido pelo mesmo grau de consciência que o criou.
– Albert Einstein

Lembrete para suas práticas diárias

Este roteiro não exige que você siga uma ordem específica. Você pode adaptá-lo e modificá-lo de acordo com suas prioridades e as situações imediatas. Não há uma maneira perfeita de usá-lo. Lembre-se de que a vida é feita de momentos no presente, para que, enquanto os seus desafios forem se resolvendo, você continue vivendo cada dia de maneira plena. O presente é perfeito, pois é o resultado das melhores decisões que você poderia ter tomado com base no seu nível de consciência. Um estado de espírito assim elimina o julgamento e permite que você viva com plenitude. Isso não significa que não deva fazer o possível para melhorar a sua vida, mas, sim, que, enquanto estiver se desenvolvendo, poderá continuar "vivendo com plenitude".

Práticas diárias

- Silêncio e auto-observação
- Meditação
- Processo de conexão
- Presença
- Um passo para o seu corpo físico
- Um passo para a sua abundância
- Um passo para a sua espiritualidade
- Um passo para o seu serviço
- Um passo para os seus relacionamentos pessoais
- Um passo para os seus relacionamentos familiares
- Um passo para o seu verdadeiro propósito

Epílogo: um novo ciclo

Meu desejo mais profundo é que, a partir de hoje, e como resultado da leitura deste livro, você escolha viver com a certeza de estar protegido(a) e confiante em meio às incertezas destes tempos difíceis. Meu desejo para você é que continue centrado(a) em seu propósito, distante de medos e firme no caminho que Deus planejou para você. Asseguro-lhe mais uma vez que, enquanto estiver na companhia dele, estará sempre protegido(a), mesmo nas adversidades inevitáveis. Um novo ciclo está começando, um renascimento para a humanidade, não sua destruição. O futuro ainda não está escrito. Vamos escrevê-lo com nossas intenções, nossas ações, nossos pensamentos e nossa imaginação.

Seremos capazes de visualizar um novo mundo em paz? Viva com entusiasmo. Passe algum tempo em silêncio. Cuide dos seus pensamentos. Sinta suas emoções. Olhe para a luz. Simplifique sua vida. Brinque com uma criança. Sorria. Observe a natureza. Deixe um legado. Plante uma árvore. Estimule alguém. Perdoe alguém. Dance. Ame. Peça perdão e conceda o seu. Aja sem ter medo de errar. Viva aqui e agora. Aprenda com suas lições. Viva sua paixão e não se deixe imobilizar por seus medos. Não reclame do que já passou. Aproveite cada momento da sua vida. Faça tudo isso com amor e na companhia de Deus, e sua vida fluirá para sempre em paz, sejam quais forem as circunstâncias externas.

Agradecimentos

Agradeço com humildade a Deus e a seus anjos por fornecerem toda a luz, o amor e a paciência a esta buscadora relutante e imperfeita. Gabbie, obrigada por emprestar sua mãe ao Universo; você é a minha bênção. Jayleen Gorritz, minha alma gêmea, obrigada – sem nossas conversas intermináveis, este livro não estaria nas mãos dos leitores. Martha Daza, graças a Deus por suas pinceladas na edição da versão espanhola original. Sua orientação clara e incondicional me deu a certeza de que esses pensamentos estavam em uma ordem racional e coerente. Obrigada, Juli Peradejordi, pela primeira oportunidade, e a você, Giovanna Cuccia, por acreditar nesta mensagem. Apesar de morarmos em continentes diferentes, toda vez que você cruza meu caminho, um milagre acontece. Obrigada, J. P. Dada Vaswani, meu mestre, agora no céu; obrigada por me mostrar a face de Deus. Como você chegou até mim vindo da Índia para Porto Rico é um mistério. Grata a você Montse Cortazar, meu agente literário de direitos internacionais, por dar asas a este livro. Muita gratidão a Emmanuel Cavazos e a Josué Rivas por seu incansável apoio. Um livro é tão bom quanto o trabalho de uma equipe maravilhosa, e tenho sorte de pertencer a uma. Obrigada a você Teresita Zamora, por apresentar a primeira tela desta tradução.

Ao longo dos anos, pintei algumas das minhas palavras em um novo idioma com a ajuda de Ginny Killfoile. Obrigada, Ginny, por todas as atualizações e pelas correções à medida que as novas edições eram publicadas. Grata também a Elizabeth James e a Terry Glaspey por sua maravilhosa contribuição; ambos colocaram seu selo de ouro neste trabalho.

Sou grata a todos os que contribuíram para o meu aprendizado e para a divulgação destes ensinamentos. E, de modo especial, ao editor Ricardo Riedel e à equipe do Grupo Editorial Pensamento, Brasil, a publicação de Os Ciclos da Alma em português.